Zeter und Mordio

Zeter und Mordio

Kriminelle Geschichten
aus dem „finsteren“ Mittelalter

Wolfgang Kemmer (Hg.)

Jokers

Impressum

Covergestaltung und Satz: Atelier Lehmacher, Friedberg
Covermotiv: Panthermedia
Gesetzt aus der Officina Serif
Gesamtherstellung: Clausen & Bosse GmbH, Leck
Printed in the EU
ISBN 978-3-8289-0880-2

Friederike Schmöe: Ein Pfeffersack macht Ärger

November 1347

1

Venedig ist am schönsten, wenn es schneit. Das tut es selten, doch heute bedeckt zartes Weiß den Anleger. Man wird meine Fußspuren sehen.

Ich ziehe den Umhang fester um mich. Niemand soll mich erkennen, falls doch, kann ich aber auch damit leben. Meine Ehe mit Matteo besteht nur noch für das Geschäft und vor der Kirche, in dieser Reihenfolge. Ich führe nach wie vor Matteos Bücher, ansonsten haben wir getrennte Wege eingeschlagen.

Aus dem schwarzen Himmel treibt Schnee über den Kanal. Sanft schwappt das Wasser gegen die Mauern des Deutschen Hauses. Es liegt finster da. Die Händler sind unterwegs, zum Weintrinken. So sagen sie, wenn sie unter der Hand feilschen und mauscheln, froh, die allgegenwärtigen Unterkäuffel endlich losgeworden zu sein. Dabei hat der Doge erst im letzten Jahr eine Anordnung herausgegeben, wonach deutsche Kaufleute nur in der Begleitung von Sensalen Waren ansehen, kaufen und verkaufen dürfen.

Das Boot gleitet lautlos heran. „Anna", flüstert Chunrath. Er streckt mir seine Hand entgegen.

Ich schmiege mich an ihn, während er in den dunklen Rio delle Beccarie hineinrudert. Seit drei Jahren kommt Chunrath aus Nürnberg nach Venedig, um Gewürze zu kaufen. Dann wohnt er im Deutschen Haus, wie es das Gesetz vorschreibt. An diesem Umschlagplatz für Gerüchte und üble Geschichten wollen wir nicht miteinander gesehen werden. Bei San Cassiano hat einer von Chunraths venezianischen Freunden ein Haus. Dort lieben wir uns. Mir ist kalt, als Chunrath mir aus dem Boot hilft. Ich trage meine schönsten Sachen unter dem Umhang, nicht die grässlichen wollenen Kleider, die im Winter nie trocken werden. Auf Zehenspitzen schleichen wir die Treppen hinauf. Chunrath entriegelt die Tür. Im Kamin brennt Feuer. Die Kälte macht mir nichts mehr aus, als Chunrath mich auf das Lager zieht. Am meisten liebe ich sein Haar, das im Schein der Flammen noch röter glänzt als sonst.

2

Es wird nicht hell. Widerstrebend durchstoße ich die hauchdünne Eisschicht, die sich auf der Waschschüssel gebildet hat. Seit zwei Stunden erst bin ich zurück im Deutschen Haus, geschlafen habe ich kaum, nur geträumt, wie es wohl wäre, mit Chunrath nach Nürnberg zu reisen, Venedig und seine Gier nach Geld und Macht, seine klammen Mauern und seine Halbwahrheiten zu verlassen. Notdürftig wasche ich mich, um nicht die Erinnerung an die Wärme zu tilgen, die Chunraths Haut auf meiner hinterlassen hat.

„Anna!"

Schon lange teile ich nicht mehr das Zimmer mit Matteo. Wenn er so früh nach mir ruft, steht ein wichtiges Geschäft bevor. Wie alle in der Stadt ist Matteo vom Reichtum besessen.

„Anna! Verflucht! Komm!"

Furcht kriecht in meine Glieder. Hat er bemerkt ... hat er mich gesehen? Hat ein Unterkäuffel geplaudert? Ich werfe mir den Umhang über, stürze hinaus. Da steht Matteo.

„Du musst übersetzen! Schnell! Sie haben einen Deutschen aus dem Kanal gefischt."

Auf dem Anleger stehen sie und glotzen. Kaufleute, die im Deutschen Haus wohnen, Sensalen, Beamte. Ihnen sitzen noch Wein und Schlaf unter den Lidern. In der Dämmerung sieht der Tote grau aus, wie der Nebel, der über dem Canal Grande schwimmt. Ich starre die Leiche des Nürnbergers an. Sein Gesicht ist mir vertrauter als Matteos Züge es je sein werden. Ich presse meine Hände vors Gesicht, um ein paar Augenblicke für mich zu haben in diesem Alptraum, zwischen den Fetzen aus Feuchtigkeit, die über die Fassaden der Palazzi kriechen, während die ersten Gondeln auf uns zu gleiten.

„Anna, reiß dich zusammen!" Matteo fasst meine Schulter und schüttelt mich. „Du musst übersetzen!"

Mein Mann hat dafür gesorgt, dass ich Deutsch lerne. Keine andere Fremdsprache ist in Venedig so nützlich, vor allem nicht im Deutschen Haus, das Matteo so gewinnbringend verwaltet. Hier müssen die deutschen Kaufleute absteigen, und sie zahlen für alles Gebühren, auch für die verteufelt armselige Vermittlungstätigkeit der Unterkäuffel. Meine Sprachkenntnisse haben Matteo bereits ein Vielfaches des Geldes eingebracht, das er meinem Lehrer bezahlt hat. Natürlich hat er mich nicht in die Schule an der Piazza San Bartolomeo geschickt, wo die Sensalen Deutsch lernen. Matteos Hand zerquetscht fast meinen Arm. Ich lasse die Hände sinken und wende mich an Eckehard, den kleinen Mann, der vor ein paar Tagen zusammen mit Chunrath im Deutschen Haus abgestiegen ist, und frage: „Was ist passiert?"

3

„Sie untersuchen den Todesfall. Jemand hat Chunrath die Stirn eingeschlagen." Ich senke den Kopf, während ich meiner Freundin berichte. Alle, die mit ihm zu tun hatten, werden befragt, aber ich halte still. Niemand wird erfahren, wie nah ich

ihm war. Maria betrachtet mich nachdenklich. Ich bin erschöpft vom Schock und dem Fußweg zum Rio di Santa Ternità.
„Er war gestern hier", sagt Maria.
Das habe ich mir gedacht. Chunrath besucht Marias Mann Albert jedes Mal, wenn er in Venedig ist. Albert ist auch Deutscher. Die meisten Bäcker in der Stadt stammen aus dem Land im Norden. Alberts Bäckerei stellt den Zwieback her, mit denen die Schiffe Venedigs ausgestattet werden, bevor sie zur Levante aufbrechen, um Stoffe, Silber und Kupfer nach Venedig zu bringen. Und natürlich Gewürze.
„Sie hatten Streit", murmelt Maria, während sie sich an ihren Töpfen zu schaffen macht. „Chunrath wollte Pfeffer kaufen – ohne Unterkäuffel."
Ich weiß, was das heißt. Geiz und Habgier sind die schlimmsten Sünden dieser Stadt. Chunrath wollte an der Steuer vorbei Handel treiben. Pfeffer mögen die Menschen in seiner Heimat, denn Gewürze nehmen den Speisen ihren Verwesungsgeruch. Nun wird mir doch noch schlecht. Maria hält mir den Kopf. Als ich alles losgeworden bin, was ich seit dem Morgen gegessen habe, und das war beileibe nicht viel, reicht sie mir einen Becher Wein. Die Bäcker verdienen gut in Venedig. Es ist der beste Wein, den ich seit langem getrunken habe, besser als der, den Matteo für das Deutsche Haus bezieht.

4

Von der Lagune weht ein ungewohnt warmer Wind in die Stadt. Der Schnee ist geschmolzen. Das Arsenale ist nicht weit, aber hinein komme ich trotzdem nicht. Die mächtige Werft ist von allen Seiten gut bewacht, es gibt nur zwei Tore. Ich passe Albert ab, als es schon wieder dunkel wird. Ich spreche immer Deutsch mit ihm. So kann ich üben.

„Ja, er war bei mir", sagt Albert gehetzt. Er redet nicht gern.
„Wollte Chunrath Pfeffer kaufen? Wer hat ihn vermittelt? Du brauchst keine Angst zu haben. Ich behalte es für mich."
Albert eilt über die Brücke, die ihn über den Rio della Ternità führt. Es ist so neblig, dass sein Umhang knapp vor mir in das Grau schlüpft und nicht mehr zu sehen ist.
„Moro Caro", kommt es aus dem Dunst.

5

„Du weißt es besser als ich", sagt Moro Caro und stippt seinen schmutzigen Zeigefinger in die Luft. „Die Deutschen müssen über das Deutsche Haus kaufen. Bei jedem Handel muss ein Unterkäuffel dabei sein. Und du weißt ebenso gut, dass viele versuchen, drumherum zu kommen. Sie kaufen und verkaufen ohne den Sensal. Alle wollen etwas abhaben vom Reichtum dieser Stadt, schau dich um."
Ich verzichte, denn Moro Caros Stube ist düster und modrig. Er lebt gut vom Schwarzhandel, stellt Verbindungen her und dolmetscht, wenn es sein muss. Leute wie er ruinieren Matteo das Geschäft. Ich frage mich, was er mit all seinen Golddukaten anstellt. Sein Haus ist verschimmelt.
„Hast du den Deutschen weitervermittelt?", frage ich atemlos.
„Welchen Deutschen? Es gibt Deutsche hier wie Schiffe im Arsenale!"
„Chunrath. Den Nürnberger."
Moro Caro wiegt den Kopf. „Eine Menge Leute fühlen sich von den Unterkäuffeln nicht angemessen vertreten. Zu viele von denen sind unzuverlässig, übersetzen falsch und wirtschaften in die eigene Tasche. Die Schiffe bringen mehr als genug Gewürze aus dem Osten", bemerkt Moro Caro und klimpert mit ein paar Münzen. Seine Selbstgefälligkeit lässt mein Herz hämmern vor

Wut. „Chunraths Geschäft war mir ein bisschen zu klein. Ein paar Säcke Pfeffer, dafür lohnt es nicht."
Sein anzügliches Lachen klingt mir im Ohr, als ich heimgehe.

6

Ich wälze mich auf meinem Lager. Soll ich Matteo berichten, was ich gehört habe? Mein Mann weiß ohnehin, dass viele deutsche Kaufleute sich für mich interessieren. Fast alle gehen zu den Huren, die Matteo unter der Hand weitervermittelt. Ich weiß, dass er nur solche empfiehlt, die er selbst ausprobiert hat. So sind wir quitt.
Draußen klingen Schritte. Ungeduldig stehe ich auf und schlüpfe in meinen Umhang. Nehme die Kerze auf und gehe zur Tür. Im Gang höre ich Matteos Stimme raunen.
„Komm. Aber sei leise!"
„Heute war deine Frau bei mir." Moro Caros Stimme!
„Anna?" Matteo ist nur mäßig interessiert.
„Die rudert manchmal raus, in den Rio di San Cassiano, mit dem Nürnberger Pfeffersack!"
„Damit ist es ja nun vorbei." Matteo klingt unbeteiligt.
„Hast du ihm ...?", bohrt Moro Caro nach.
Ich schleiche zu Matteos Tür hinüber. Höre, wie er Wein einschenkt und zu Moro Caro sagt: „Nein."
Eine Weile ist es still, dann fügt Matteo hinzu: „Anna sieht nur die Seite des Deutschen Hauses, die alle sehen wollen. Die Bücher, die sie verwaltet, sind sauber. Aber wovon wir beide leben, gut leben, das ahnt sie allenfalls. Du weißt doch: Frauen!"
Die beiden trinken einander zu.
„Aber der Pfeffersack ...?", fragt Moro Caro.
Jemand kommt den Gang entlang. Ich ziehe mich leise wie eine Katze zurück. Schließe die Tür zu meiner Kammer und blase die

Kerze aus. Einerseits beruhigt es mich, dass Matteo Chunrath nicht umgebracht hat. Aber wenn nicht er, wer war es dann?

7

Eckehard spricht einen schauderhaften Dialekt. Ich verstehe ihn kaum, obgleich ich mir die größte Mühe gebe. Wir stehen hinter den Toren, die zum Anleger hinausführen. Tagsüber herrscht hier rege Geschäftigkeit, genau der richtige Ort, um nicht belauscht zu werden.

„Chunrath war wegen irgendetwas böse auf einen Freund", sagt Eckehard.

„Auf wen?" Ich schlinge die Arme um mich und vermeide den Blick zum Kanal, wo sie Chunrath herausgezogen haben.

„Den Bäcker. Den Augsburger."

Ich stutze. „Meinst du Albert?"

Eckehard nickt. „Ich weiß nicht genau, worüber sie stritten, aber Chunrath war empört." Der kleine Mann greift nach meiner Hand. „Weißt du, Chunrath war ein aufrichtiger Mensch. Alle schätzten ihn bei uns zu Hause als ehrlichen Geschäftsmann. Ich glaube nicht, dass er betrügen wollte. Das passt nicht zu Chunrath."

Gänsehaut kriecht über meinen Körper. Nie mehr werde ich Chunraths warme Arme um mich spüren. Rasch bedanke ich mich bei Eckehard und eile davon. Niemand soll meine Tränen sehen.

8

Maria sitzt in der Kammer hinter der Backstube und stillt ihr jüngstes Kind. Ihr dabei zuzusehen, schmerzt mich. Ich habe zwei Kinder geboren, aber keines hat länger als einen Tag gelebt.

„Albert ist im Arsenale, er muss bald kommen. Was willst du von ihm?“, erkundigt sie sich misstrauisch. „Fragst du immer noch herum wegen dem Nürnberger?“

Ich sehe dem Kind beim Trinken zu. Es hat prächtige rote Bäckchen und wunderschöne blaue Augen, so hell wie die Lagune an Frühlingstagen. Es ist ein gesundes Kind.

Ich zucke die Schultern, antworten kann ich nicht, sonst kommen mir die Tränen. Wenig später stapft Albert herein. Als er mich sieht, wird sein Gesicht starr. Was ist in ihn gefahren? Er kennt mich doch! Maria und ich sind Freundinnen. Nie war er so feindselig. Ich weiß nicht mehr genau, was ich ihn fragen wollte. Besser, ich verabschiede mich aus der warmen Stube.

Aber nach Hause gehen kann ich nicht. Wieder fällt Schnee, doch er bleibt nicht liegen, sondern wird zu Wasser, kaum dass er den Boden erreicht. Nur auf den Dächern sieht man ein feines Glimmen. Ich irre durch Gassen, laufe über Brücken, die mir fremd sind, verberge mich in Hauseingängen, um niemandem zu begegnen. Erst als ich völlig durchgefroren bin, trete ich den Weg nach Hause an. Matteo passt mich in der Calle del Fontego ab, tritt urplötzlich aus dem Dunkel.

„Wo treibst du dich herum?“ Er sieht wütend aus, gar nicht so gleichgültig wie sonst.

„Was kümmert es dich?“, gebe ich zurück.

„Hier ist die Hölle los!“ Matteo mustert mich. „Hast du schon Ersatz für den schönen Rotschopf gefunden?“

„Lass mich in Ruhe!“

Er packt meinen Arm. „Weißt du nicht, dass wir von all dem hier leben?“ Er holt aus. Ich weiche zurück, aber er will mich nicht schlagen, er deutet nur hinter sich, auf die prächtige, uneinnehmbar erscheinende Fassade des Deutschen Hauses. „Nicht nur ich. Du auch. Das ist unser Lebensunterhalt.“

Ich mache mich los. „Denkst du, ich weiß nicht, dass auch du an den Sensalen vorbei in deine Taschen wirtschaftest?"
In der Düsternis sieht sein Gesicht plötzlich noch dunkler aus. Seine Überraschung nutze ich, um mich seinem Griff vollends zu entwinden und ins Haus zu schlüpfen.

9

Am Morgen gehe ich meiner Arbeit nach, als sei nichts gewesen. Ich vergleiche die Zahlungen und die Einkünfte und rechne alles nach. Matteo sieht mir einige Minuten zu, bevor er den Raum verlässt. Er spricht kein Wort mit mir.
Als ich am Abend zu Maria komme, ist sie nicht da. Die Kammer hinter der Backstube ist leer bis auf den friedlich schlafenden Säugling. Ich beschließe zu warten. Ohne das Kind wird Maria nicht lange weg sein.
Neben der Tür steht ein Sack. Er ist nicht verschlossen. Ich luge hinein. Pfeffer. Oder? Ein Blick genügt. Nein. Es ist Safran. Gelb wie der Himmel über der Lagune an heißen Sommertagen. Ich liebe Safran. Weil die deutschen Kaufleute ihre Waren im Deutschen Haus lagern müssen, kenne ich mich mit Gewürzen ganz gut aus. Ich greife in den Sack und lasse den Safran durch die Finger rieseln. Er fühlt sich fein an. Natürlich, sie haben ihn gemahlen, wie man es oft auf Wunsch des Kunden tut, der die Gewürze nicht mehr selbst weiterverarbeiten will. Allerdings ...
Jemand kommt in die Backstube. Ich klopfe meine Finger an meinem Umhang ab und drehe mich um. „Maria?", rufe ich hinüber.
Schwere Schritte poltern zur Tür. Da steht Albert. Der Augsburger. Groß wie ein Baum. Größer als Chunrath. Ich schlucke.
„Was tust du hier?", bellt er mich an.

„Ich warte auf Maria." Mein Hals wird ganz trocken, mit einem Mal fügen sich alle Stücke zusammen. Wie die Scherben eines Weinkruges, die man vom Boden aufklaubt in der Hoffnung, ihn wieder zusammensetzen zu können.
Albert sieht mich an. Mustert mich von oben bis unten. Sieht die Safranspuren an meinem Umhang. Er weiß, dass ich weiß. Ich mache den Mund auf. Will sagen, ich werde schweigen, niemand wird etwas von mir erfahren. Aber da packt er meine Kehle und drückt zu.

10

Ich weiß nicht, wo er mich hinbringt. In dem Sack bekomme ich kaum Luft. Mein Mund ist mit einem Knebel verschlossen, die Hände und Füße gefesselt. Mein Hals tut furchtbar weh. Dennoch kann ich klar denken, klarer als alle Tage zuvor. Albert wird mich in einen Kanal werfen, weit weg, an einer Stelle, wo sich niemand kümmert. Ein Schauder läuft über meinen Rücken. Man wird mich herausfischen und Matteo mitteilen, dass ich ertrunken sei. Seine Frau war sonderbar, schon jahrelang, werden sie im Deutschen Haus sagen. Seit ihre Kinder gestorben sind nach nicht mal einem Tag. Sie ist ins Wasser gegangen. Und damit wird alles gesagt sein.
Wehren kann ich mich nicht. Besser, ich lasse Albert in dem Glauben, ich sei schon tot. Oder ohnmächtig. Das ist schwer, denn ich habe meinen Umhang nicht mehr und die Nässe und Kälte umklammern meine Haut, dass ich zittere.
Er lässt den Sack fallen. Meinen Schmerzensschrei verschlucke ich. Er reißt den Sack auf und zieht mich an den Haaren und Schultern heraus. Wenn er mir nur die Fesseln löst, damit es wirklich wie ein Selbstmord aussieht. Nicht wie Mord …
Ich wage nicht, die Augen zu öffnen, rieche Moder, höre das Plätschern eines Kanals, in den die Wellen offenen Wassers

schlagen, spüre Wind, der über meinen schmerzenden Körper streicht.

Albert macht sich an meinen Füßen zu schaffen.

„Halt! Teufel auch, lass meine Frau los!"

Ich muss träumen. Matteos Stimme kommt von der anderen Kanalseite, da bin ich ganz sicher. Albert versetzt mir einen Tritt. Der Kanal verschlingt mich. Das eisige Wasser umklammert mein Herz und drückt die Luft aus meinen Lungen. Vor Schreck schlucke ich Wasser. Es schmeckt faulig. Ich kämpfe. Doch mit meinen gefesselten Armen und Beinen komme ich nicht an die Oberfläche zurück. Ich reiße die Augen auf. Sehe nur schwarz. Bis mich kräftige Arme packen. Matteo tritt Wasser neben mir, hält meinen Kopf über die Oberfläche und schreit: „Moro Caro, hilf mir!"

Sie zerren mich auf die Gasse. Moro Caro zückt ein Messer und schneidet meine Fesseln auf. Albert liegt bewusstlos da.

„Habt ihr ihn …?"

Moro Caro schüttelt den Kopf. „Nein. Er ist noch höchst lebendig, aber so werden wir ihn übergeben, damit er keine Sperenzchen macht."

Ich zittere vor Kälte, während ich verständnislos von Moro Caro zu Matteo schaue, der ebenso nass wie ich dasteht und sich schüttelt wie ein Hund.

„Ich habe dich gesucht", sagt Matteo. „Moro Caro kam mit. Dachte mir, du wolltest zu Maria. Aber als ich fast vor der Bäckerei stand, sah ich Albert rauskommen. Mit einem Sack auf der Schulter, der, nun ja …"

Moro Caro schlüpft aus seinem Umhang und legt ihn mir um die Schultern. Ich sehe ein mitleidiges Lächeln in seinen Mundwinkeln, vielleicht ist es ehrlich gemeint. Mir klappern die Zähne.

„Lass uns nach Hause gehen", schlägt Matteo vor.

11

„Albert hat den Safran mit Mehl versetzt. Chunrath muss das herausgefunden haben. Vielleicht hat er seinen Freund sogar zur Rede gestellt. Da hat Albert zugeschlagen."

Ich liege neben Matteo, gehüllt in viele Decken, ganz dicht am Kamin. Darin stiebt Glut aus einem Berg Scheite. Langsam werden wir beide warm. Er hat den Arm um mich gelegt. Unsere Körper kennen einander kaum noch.

„In dieser Stadt machen alle ihre eigenen Geschäfte", sagt Matteo.

„Du auch?", frage ich.

Er zuckt die Achseln. „Weißt du, gute Ware an der Steuer vorbei zu verkaufen, das kann ich hinnehmen. Aber Pfusch zu liefern, Gewürze, die zur Hälfte aus Mehl bestehen oder was immer der Deutsche da untergemischt hat ..."

Matteo beendet den Satz nicht. Ich will nicht weiterfragen. Mein Mann hat mich vor dem Ertrinken gerettet, zusammen mit Moro Caro, dem größten Spitzbuben Venedigs.

Matteo angelt einen Becher Wein vom Tisch.

„Trink. Du musst dich aufwärmen."

Ich gehorche. Wir liegen lange so da. Bis am Morgen die Dämmerung den Schnee auf den Dächern zum Glänzen bringt.

„Zum Teufel!", brummt Matteo, bevor er endlich einschläft. „Zum Teufel mit den Deutschen."

Jürgen Ehlers: Wahrheitsfindung Anno 1437

„Erschlagen?"
Tine nickte. „Ein junger Mann. Thomas Peters heißt er."
Hinrich Brodersen seufzte. Als des Herzogs Staller auf der Insel Strand war er für den Deichbau und die Steuern verantwortlich; dass er außerdem Recht sprechen musste, gefiel ihm überhaupt nicht. Er wusste zwar, dass die Bauern ihn hinter seinem Rücken „der Gerechte" nannten, fasste dies allerdings nicht als Lob auf. Er hatte vielmehr das Gefühl, dass sie ihm eine gewisse Arglosigkeit unterstellten, die ihrer Bauernschläue nichts entgegenzusetzen hatte. Und jetzt auch noch ein Mord!
„Ach ja, das weißt du ja auch noch nicht: Tetjens ist wieder auf der Insel. Sein Vater hat ihn ausgelöst, drüben in Eiderstedt."
„Die Eiderstedter hätten ihn hinrichten sollen", murmelte Brodersen. Zwei Wochen fort von der Insel, und schon lief alles aus dem Ruder.
Tetjens war ein Totschläger. Sein Vater hatte ihn freigekauft. Er war einer der reichsten Bauern auf der Insel. Brodersen hielt nichts von ihm.
Doch zunächst gab es Wichtigeres zu tun, als sich um Mörder und Totschläger zu kümmern. Die Reise nach Schleswig hatte er schließlich nicht zum Vergnügen unternommen. Audienz bei Herzog Adolf! Das Ausbleiben der Steuern hatte dem Landesherren nicht gefallen, und er hatte es auch missbilligt, dass die Bauern allzu rasch den Bupheverdeich nach Süden gezogen

hatten, anstatt zu versuchen, die Lücke zwischen den Inseln zu schließen. Ein eiserner Ring von Deichen, das sollte das Ziel sein, und der Ring sollte Pellworm mit einschließen.
„Ich muss zur Deichbaustelle!“, sagte Brodersen.

Die Männer hielten mit Graben inne, als Brodersen vom Pferd stieg. „Was macht die Arbeit?“
„Geht voran.“ Der Wortführer sah ihm nicht ins Gesicht dabei.
Zu langsam, dachte Brodersen. Und zu wenige Männer. „Wo sind die anderen?“
„Die Ernte muss eingebracht werden!“
Das war Frauensache! „Sag den Männern, wenn der Deich nicht steht, wird hier nie wieder jemand eine Ernte einbringen!“
„Das wissen wir alle. Aber der Winter ist lang, und von irgendetwas müssen wir leben!“
Brodersen seufzte. Er vertrat zwar den Herzog auf der Insel, aber das Deichen war Sache der Dörfer. Und da stand jedes Dorf für sich. Wer seinen Koog in Ordnung hatte, der war froh und glücklich, aber dass er dem Nachbarn half, das kam nicht in Frage. Es gab genug andere Dinge zu tun, hieß es. Das war etwas, was geändert werden musste.
„Was habt Ihr erreicht in Schleswig?“
Brodersen berichtete. Zwar keinen Erlass der Steuern, aber immerhin einen Zahlungsaufschub hatte er bewirkt. Dem Herzog war bewusst, dass die Insel in der Flut des vorigen Jahres schwer getroffen worden war. Die Allerheiligenflut von 1436 war die schwerste Flut seit der großen Mandränke gewesen, und jetzt sah es so aus, als wäre Pellworm vielleicht für immer von der Insel Strand getrennt.
„Aufschub“, murrte der Mann. „Das hilft uns nicht weiter. Was ist, wenn im nächsten Jahr die Ernte auch schlecht ausfällt?“

„Das wird sich alles finden. Jetzt braucht ihr jedenfalls nichts zu zahlen. Unser Herzog hat sich diesmal als großzügig erwiesen, und er wird uns auch in Zukunft nicht im Stich lassen!"
Der Mann nickte. Schwer zu sagen, ob er zufrieden war. Die Gesichter dieser Leute gaben ihre Empfindungen nicht preis.
Brodersen sah sich um: „Das Haus sollte da nicht stehen", sagte er. „Häuser auf dem Deich sind Schwachstellen, an denen das Meer eindringt."
Der Mann zuckte mit den Achseln. „Wer reich ist, der kann sich wohl leicht eine Warft bauen", sagte er. „Einen Erdhügel für sein Gehöft. Wer arm ist, muss auf dem Deich wohnen, wenn er nicht ersaufen will. Das war schon immer so."
„Aber doch nicht auf dem Hauptdeich!"
„Dies war ein Binnendeich, als das Haus gebaut wurde. Zu Allerheiligen hat die Flut den alten Hauptdeich fortgerissen, das wisst Ihr so gut wie ich."
„Das Haus muss da weg", beharrte Brodersen.
„Dann geht doch rüber und sagt es der Frau. Vielleicht zieht sie sowieso weg, jetzt, wo ihr Mann tot ist."

Hinrich Brodersen schauderte. Was die junge Witwe vor ihm auf den Tisch gelegt hatte, war ohne Frage eine menschliche Hand.
„Ich habe sie gebacken", sagte die Frau.
Brodersen starrte sie an. „Gebacken?"
„Ja, gewiss, so macht man das doch. Damit sie unversehrt bleibt bis zum Gerichtstag."
Darüber hatte Brodersen sich bisher keine Gedanken gemacht. Gewaltsame Todesfälle waren zum Glück auf Strand in seiner Amtszeit noch nicht vorgekommen.
„Man kann ja nicht den ganzen Leichnam aufbewahren", erläuterte die Frau, die sich nun sicher war, dass der Staller von die-

sen Dingen keine Ahnung hatte. „Daher wird die Hand abgetrennt, mit dem Unterarm."
„Und wer hat ..." Brodersen hielt inne. Das sollte er jetzt nicht fragen, das würde vor Gericht zur Sprache kommen, und da war es früh genug.
„Wer ihn erschlagen hat? – Das weiß ich nicht. Draußen auf dem Weg hat er gelegen und geblutet, am Kopf. Als ich ihn ins Haus gezogen hatte, da war er schon tot."
Brodersen seufzte. Er stellte noch ein paar Fragen, aber von einem Tetjens hatte die junge Frau noch nie etwas gehört. Bedauerlich, dachte Brodersen. Es wäre so einfach gewesen.

Brodersen ließ den Blick schweifen über das weite, ebene Vorland. Er hatte es nicht übers Herz gebracht, der Witwe zu sagen, dass sie das Haus räumen solle. Wenn alles gut ging, konnten sie im nächsten Jahr den Deich nach Pellworm in Angriff nehmen. Und wenn der stand, war das Haus gesichert. Wenn alles gut ging! Graue Wolken standen am Himmel. Gänse flogen vorüber. Nach Süden. Kein Zweifel, es wurde Herbst.
Brodersen erschrak, als ihm jemand die Hand auf die Schulter legte. Es war der Pfaffe.
„Terra autem erat inanis et vacua."
Brodersen hatte den Mann nicht kommen hören. Er schaute ihn prüfend an. Schließlich antwortete er: „Das wünsche ich Euch auch."
Der Pfaffe lächelte. „Und die Erde war wüst und leer", sagte er. „So könnte es ausgesehen haben damals."
„Möglich." Das war es also, was der Pfaffe gesagt hatte. Brodersen ärgerte sich, dass sein Latein so schlecht war und der Mann ihn hereingelegt hatte. Dann sah er wieder hinaus auf das Vorland. Wüst und leer, dachte er. Aber dies war fruchtbares Ackerland gewesen, bevor die große Flut es geholt hatte.

„Ich höre, du hast die Witwe aufgesucht?“ Seine Frau sah ihn missbilligend an.
„Ja.“ Brodersen zog sich die Stiefel aus. Sie drückten. Er hätte sie ändern lassen sollen in Schleswig, aber er war zu ungeduldig gewesen.
„War das klug, zu ihr zu gehen? Ihr Schwager sagt: Sie hat ihn selbst erschlagen.“
Brodersen hatte keine Ahnung, woher Tine das nun wieder wissen mochte. „Also doch nicht der Tetjens?“, fragte er.
„Doch nicht der Tetjens“, bestätigte seine Frau.
Brodersen traute es der jungen Frau nicht zu. „Sie wird das bestreiten.“
„Wahrscheinlich. Aber das bedeutet nichts. Als Frau ist sie nicht eidfähig.“
„Sie wird genügend Eideshelfer haben, die für sie eintreten“, vermutete er.
Seine Frau zuckte mit den Achseln. „Sie ist ziemlich allein“, sagte sie. „Sie kommt nicht von hier, die Peters. Ihr Mann hat sie irgendwo im Holsteinischen aufgelesen.“
„Wie du dich ausdrückst!“ Die Peters sah gut aus für eine Bauersfrau. Was hatte Tine gegen sie? Brodersen warf seiner Gemahlin einen prüfenden Blick zu. War sie etwa eifersüchtig? Lächerlich!
„Und die Brüder vom Peters, die werden natürlich alle für ihn aussagen. Lauter wohl angesehene Bauern hier von der Insel. Und der Vater ist Deichvogt. – Was wirst du tun?“
„Sie ist eine Frau. Ein schwaches Weib soll einen starken Mann erschlagen haben? Das ist unmöglich.“
Seine Frau sah ihn an. „Man spricht von Zauberei“, sagte sie.
„Narrheiten!“

Der Pfaffe wiegte den Kopf. „Wenn keine genügende Zahl von Eideshelfern zur Verfügung steht, bleibt nur das Ordal oder Gottesurteil."

„Das Gottesurteil?" Brodersen hatte gleich gewusst, es war kein guter Gedanke gewesen, den Pfaffen um Rat zu fragen. Aber er war der einzige Gebildete weit und breit; Brodersen konnte doch nicht gut nach Schleswig reisen wegen dieser leidigen Angelegenheit. Nicht schon wieder!

„Da hätten wir zunächst einmal die Feuerprobe oder die Wasserprobe. Die Wasserprobe werdet Ihr wahrscheinlich ablehnen, weil sie auf jeden Fall mit dem Tod des Prüflings endet?"

Brodersen nickte. Kein Unschuldiger sollte sterben.

„Ihr bevorzugt also die Feuerprobe? Wenn die Angeklagte über glühende Kohlen geht, ohne sich zu verbrennen, so ist sie unschuldig."

Brodersen schluckte. Er selbst hatte sich erst gestern den Finger an der Feuerstelle verbrannt, ohne sich einer besonderen Schuld bewusst gewesen zu sein.

„Die Feuerprobe beruht durchaus auf der Bibel", sagte der Pfaffe. „Man kann davon ausgehen, dass Gott die Unschuldigen schützt. Denkt nur an die Jünglinge im Feuerofen …"

Brodersen dachte stattdessen an die gebackene Hand, die man ihm vor Gericht vorweisen würde, und schüttelte den Kopf. „Es muss andere Wege geben!"

„Die Bahrprobe. – Die kommt zwar nicht direkt aus der Bibel, aber sie ist auf jeden Fall ein wirksames Mittel, Schuld oder Unschuld nachzuweisen. Ihr wisst sicher, dass Hagen von Tronje an der Bahrprobe gescheitert ist, als er den Mord an Siegfried geleugnet hat?"

Ja, die Geschichte hatte er mal gehört, vor langer Zeit.

„Die Wunden des Opfers brechen auf und beginnen zu bluten, wenn sein Mörder den Leichnam berührt."

„Das kommt in diesem Fall nicht in Frage“, sagte Brodersen. „Der Leichnam ist längst begraben. Es gibt nur noch die Hand, und die ist – gebacken worden.“

„Die Hand reicht aus.“ Der Pfaffe schien aus irgendeinem Grund Gefallen an der Bahrprobe zu finden. „Die Wunden des Toten werden vor der Untersuchung mit Wein und Wasser gewaschen und sorgfältig getrocknet.“

Brodersen wies darauf hin, dass die Wunden des Toten für die Untersuchung nicht zur Verfügung stünden, da er ja vermutlich nicht an einer Armverletzung gestorben sei.

„Das ist völlig einerlei. Der Verdächtigte wird geschoren und gezwungen, nackt an den Leichnam heranzutreten. Er muss dann dreimal auf den Knien um den Toten – oder in diesem Fall eben um den abgetrennten Arm – herum kriechen, ihn dabei küssen und mit Namen anrufen. Außerdem muss er laut und deutlich bei Gott schwören, dass er am Tod des Verstorbenen unschuldig ist.“

Darum war der Pfaffe für dieses Verfahren! Auch Brodersen musste sich eingestehen, dass die Vorstellung, die junge Frau nackt und auf Knien vor sich herumrutschen zu lassen nicht eines gewissen Reizes entbehrte.

„Der Leib einer Frau muss in der Öffentlichkeit stets bedeckt bleiben“, sagte er. „Das gilt auch und gerade vor Gericht.“

„Dann käme noch ein Zweikampf in Frage.“

„Gegen wen?“, fragte Brodersen.

„Kläger gegen Verdächtigen.“

Brodersen konnte sich nicht vorstellen, wie ein Kampf Mann gegen Frau ein sinnvolles Ergebnis bringen sollte, selbst wenn man den Mann bis zur Hüfte in den Boden eingraben würde, wie der Pfaffe vorschlug. Mochte es dafür auch noch so viele Beispiele aus der Rechtsprechung geben. „Sie ist eine Frau“, sagte er. „Ein zartes Weib.“

„Und doch heißt es, dass sie ihren Mann erschlagen habe."
„Das ist doch Unsinn. Das weiß jeder, die Leute reden ja auch schon von Zauberei."
„Zauberei? In dem Falle ist die Angelegenheit einfach. Die Bibel äußert sich hier ganz eindeutig. *„Maleficos non patieris vivere.* – Die Zauberer sollst du nicht leben lassen! Das gilt gewiss auch für Zauberinnen."
Brodersen schwieg. Er bezweifelte, dass die Heilige Schrift eine derartige Forderung enthielt.
Der Pastor sah ihn prüfend an. Er wies ihm die Bibel: „Hier, lest selbst, Staller."
Brodersen las: *Maleficos non patieris vivere.* Da war es, schön und gut, aber er hatte keine Ahnung, in welchem Zusammenhang es hier stand. „Ich werde zu gegebener Zeit eine Entscheidung treffen", versprach er.
Der Pfaffe fragte ihn, ob denn inzwischen geklärt sei, wer ihm die Hühner gestohlen habe. Brodersen wusste nichts von gestohlenen Hühnern.
„Auch das ist ein schweres Verbrechen", sagte der Gottesmann. „Nach friesischem Recht wird der Diebstahl von Vieh mit dem Tode bestraft, während bei Totschlag nur eine Geldbuße fällig ist."
Brodersen fragte sich, ob der Mann ihn nasführen wollte. „Hier gilt das jütische Recht", sagte er, „und für den Diebstahl von Hühnern wird bei mir niemand hingerichtet."
Allerdings musste er sich eingestehen, dass er weder das *Lex Frisionum* noch das *Jyske Lov* aus eigener Anschauung kannte. Bücher besaß er nicht, die wären viel zu teuer gewesen und unnütz obendrein: Beide Gesetzessammlungen waren in Sprachen abgefasst – Latein und Dänisch – die er nur unzureichend verstand.

Der Staller hatte noch nie in der kleinen Schänke des Dorfes getrunken, aber jetzt brauchte er eine Stärkung. Der Wirt brachte ihm in demütiger Haltung ein Gläschen mit Branntwein. Übertrieben demütig, fand Brodersen. Er kippte das scharfe Getränk mit einem Zug herunter.
„Gut, dass er weg ist", murmelte der Wirt.
Brodersen brauchte einen Moment, bis ihm bewusst wurde, dass sich die Äußerung des Mannes nicht auf den Branntwein, sondern den verstorbenen Thomas Peters bezog. „Wie das?", fragte er.
Da erfuhr er, dass der Mann ein Säufer und Raufbold gewesen sei. Die arme Frau könne ein Lied davon singen.
Ob er sie etwa geschlagen habe, wollte Brodersen wissen.
Ja, hatte er. – Der Wirt schien zu erwarten, dass Brodersen ihm weitere Fragen stellen würde, aber der Staller fürchtete, die Antworten könnten ihm womöglich nicht gefallen, und er schwieg. Wenn die junge Frau den Mann wirklich erschlagen hatte, so hatte sie jedenfalls ihren Grund gehabt. Er musste sie schützen. Aber wie? Die Brüder des Opfers würden sie vor Gericht anklagen, das stand fest, und dann? Brodersen wandte sich zum Gehen.
Der Wirt hielt ihn auf.
„Was gibt es denn noch?" Brodersen war ungeduldig.
Der Mann erklärte ihm, der Verstorbene habe in seinem Wirtshaus kräftig gezecht, Abend für Abend, und nun stünde noch eine erkleckliche Summe offen. Der Staller möge mit der Witwe sprechen; sie solle zahlen!
Das fehlte noch! „Die Schuld ist mit dem Schuldner begraben", rief Brodersen. Und als der Wirt gar keine Ruhe geben wollte: „Das einzige, was von Peters noch übrig ist, ist der Arm. Den könnt Ihr haben!"

„Er kann ihn nicht haben“, sagte Tine. „Er muss ebenso christlich bestattet werden wie der Rest des Leichnams.“

Das war Brodersen bewusst; er hatte auch keinen Augenblick geglaubt, dass der Wirt den Arm haben wollte. Das Fleisch konnte er ja wohl kaum seinen Gästen anbieten. Obwohl Brodersen zugeben musste – bei allem Abscheu, den er beim Anblick des Arms empfunden hatte – das gebackene Fleisch hatte ganz leicht nach Braten gerochen.

„Du hast dir einen Feind gemacht“, sagte seine Frau. „War das nötig?“

Bevor Brodersen darauf antworten konnte, pochte es an die Tür. Der Staller erhob sich. Es war dunkel. Wer mochte es wagen, ihn um diese Zeit noch zu stören?

Ein Trupp Bauern stand vor der Tür, festlich gekleidet, aber nassgeregnet und völlig außer Atem. „Der Tetjens!“, rief einer. „Der Tetjens!“

Den Totschläger hatte Brodersen völlig vergessen. Er ließ die Bauern eintreten. „Was ist mit dem Tetjens?“

„Er hat … es ist grauenvoll!“

„Was hat er gemacht?“

„Er hat den eigenen Vater erstochen!“

Der Staller ließ sich berichten. Der Vater des Tetjens hatte ein großes Fest gegeben, alle hatten gegessen und getrunken – zu viel getrunken offenbar, wie das hier auf der Insel üblich war. Schließlich hatte der Alte gesagt, sein Sohn mache ihm nichts als Schande. Daraufhin sei der Junge aufgesprungen und mit dem Messer auf den Alten losgegangen und habe ihn erstochen, ehe noch jemand einschreiten konnte.

„Furchtbar“, sagte Brodersen. „Wo steckt der Kerl jetzt?“

„Wir haben ihn überwältigt und in Eisen geschlossen.“

„Gut.“ So traurig es sein mochte – diese Angelegenheit hatte sich von selbst erledigt. Blieb nur der Mord an Peters.

„Ich habe zu viel getrunken, das ist alles." Der Gefangene, der vor ihm auf dem Stroh lag, stank noch immer nach Branntwein. Er hatte sich nicht die Mühe gemacht, aufzustehen, als der Staller eingetreten war. Hinter ihm drängten die Bauern in den Raum. Tetjens starrte sie an. „Ich verstehe gar nicht, was ich hier ..."

„Aufhängen!", rief jemand.

„Ruhe!", bestimmte der Staller. Die Männer schwiegen. Brodersen wandte sich an den Gefangenen: „Du hast deinen Vater erstochen. Den eigenen Vater! Kann es ein schlimmeres Verbrechen geben? – Aber diesmal kann dich keiner freikaufen. Du hast dein Leben verwirkt."

„Nein. Nein, ich war's nicht!"

„Du Schwein!" Der Knecht, der zur Bewachung des Gefangenen eingeteilt war, gab ihm einen Fußtritt.

Brodersen hielt ihn zurück. „Du leugnest?", rief er. Das lief besser, als er gedacht hatte. „Und den Mord an Peters, willst du den auch abstreiten?" Gut, dass die Scheune so schlecht beleuchtet war; so konnte niemand sehen, dass er rot wurde. Brodersen wurde immer rot, wenn er jemanden hinters Licht führen musste.

Der Gefangene starrte ihn an. „Welcher Peters?" Es war offensichtlich, dass er den Mann nicht kannte.

„Thomas Peters", sagte Brodersen. „Der Peters vom Deich. Ihr habt zusammen gesoffen, ihr seid in Streit geraten, und anschließend hast du ihn erschlagen."

„Ich kenne keinen Thomas Peters vom Deich!"

Brodersen lächelte. Jetzt kannte Tetjens ihn. Im peinlichen Verhör würde er sich schon an den Namen erinnern, wenn er wollte, dass die Schmerzen aufhörten. „Mord wird mit dem Tode bestraft", sagte Brodersen. „Das weißt du. Aber Vatermord ist schlimmer als jeder andere Mord, und deshalb wird der Mörder auch auf schlimmere Weise getötet. – Du hast nur eine Möglichkeit, dir die Folter zu ersparen und schnell und schmerzlos durch das Schwert zu sterben, indem du alles, was dir zur Last gelegt wird, ohne Ausnahme gestehst."

Tetjens lachte höhnisch.

Brodersen wusste, dass ihm das Lachen sehr bald vergehen würde. „Und die Hühner vom Pastor, die hast du auch gestohlen!", fügte er noch hinzu. Das machte jetzt keinen Unterschied mehr. Tetjens würde alles gestehen. Und damit war dann die Gerechtigkeit auf der Insel Strand, so wie Brodersen sie sich vorstellte, wiederhergestellt.

F.G. Klimmek: Des Teufels Schoß

Wenn Ihr, meine Freunde, die Ihr von Eurem alten Frederik ein neues Abenteuer hören wollt, obendrein auch noch einen Rat fürs Leben haben möchtet, so nehmt diesen: Erweist nicht allzu oft Eure Klugheit, sondern stellt lieber Euer Licht unter den Scheffel. Dies könnte Euer Erdendasein erheblich verlängern. Denn seid gewiss: Die hohen Herren, denen Ihr Gehorsam schuldet, werden sich Eurer umso häufiger bedienen, je mehr Ihr ihnen zuvor von Nutzen wart. Und also wird man Euch von einer Gefahr in die andere schicken.

Mir selber ist es leider nicht mehr vergönnt, meine eigenen klugen Worte zu beherzigen, da ich dem Fürstbischof von Münster, Franz von Waldeck, schon allzu oft und erfolgreich zu Diensten war. So bleibt mir keine andere Wahl, als immer wieder aufs Neue die Kohlen für ihn aus dem Feuer zu holen. Der Auftrag, von dem ich jetzt berichten werde, führte mich dabei in die schrecklichste Lage, in der ich mich in meinem an Fährnissen wahrlich nicht armen Leben bisher befunden habe.

Es geschah zu jener Zeit, als die Wiedertäufer die Perle des Münsterlandes an sich gerissen, alle Katholiken verjagt und sich selber zu Herrschern in der Stadt ausgerufen hatten. Der fette Franz sah sich gezwungen, gewaltige Summen für die Belagerung aufzuwenden, ja sogar einen Teil des Domschatzes fremden Geldgebern zu verpfänden. Er stand am Rande des Bankrotts. Nur zu verständlich also, dass er bei der kleinsten Beeinträchtigung seiner Interessen zu einer wutschäumenden Nemesis wurde, die ihre Widersacher am liebsten gevierteilt und die Reste am Spieß gebraten hätte.

Der ganze Hofstaat hielt sich damals in Wolbeck auf, als Franz vom Ausbleiben zweier Boten erfuhr. Und obwohl diese nicht einmal sonderlich bedeutende Nachrichten und eine nur wenig bedeutendere Summe überbringen sollten, brüllte der Fürstbischof sogleich nach mir. Der beste Mann musste her, und der ist nun einmal, wie Ihr alle wisst, kein geringerer als Frederik von dem Kerkhof.

Die Boten waren zuletzt in einem Gasthaus gesehen worden, das sich nur anderthalb Tagesreisen von Münster entfernt befand. Dort waren sie kurz vor der Abenddämmerung eingetroffen und hatten noch mit einem Melder des Wierich von Daun, des bedeutendsten Söldnerführers im Dienste des Bischofs, gesprochen. Der Melder war in Eile gewesen und allen Gefahren zum Trotz die ganze Nacht hindurch geritten. Ihm verdankten wir den Bericht von ihrer Begegnung, danach hatte sich die Spur der Boten verloren.

Wir, das war außer mir noch mein alter Freund Johannes Ossenstert, Arzt, Apotheker und Alchimist, der die besondere Gunst des fetten Franz genoss, da er ihn schon mehrfach von einem Leiden befreit hatte, von dem Männer, die in der Wahl ihrer Metzen zu unvorsichtig sind, nur hinter vorgehaltener Hand zu sprechen wagen. Mein getreuer Johannes war von mittelgroßer, rundlicher Gestalt, die von einem freundlichen, glatt rasierten Gesicht gekrönt wurde. Doch wehe jedem Schurken, der ihn deshalb für ein leichtes Opfer hielt! Er verstand es nicht nur trefflich, seinen langen Dolch zu handhaben, sondern führte auch stets einige Phiolen voll ätzender Flüssigkeit mit sich, allzeit bereit, jedem Halunken damit das Galgengesicht zu verschönern.

Leider gehörte das Reiten nicht zu seinen herausragenden Fähigkeiten, so dass er erleichtert aufstöhnte, als das Gasthaus in

Sicht kam. Es trug den Namen „Zum roten Stier“, und das namensgebende Tier prangte mit übertrieben ausgebildetem Gemächt auf dem Eingangsschild. Dem Vernehmen nach maß der Wirt dieser Darstellung im Hinblick auf seine eigene Person eine gewisse Symbolik bei, was uns überaus belustigte.
Im Volksmund war der „Rote Stier“ auch als die Herberge „Zur heiligen Dreischläfrigkeit“ bekannt, da sich keine fünfhundert Schritte entfernt ein dreischläfriger Galgen befand, der sich ebenfalls nicht über mangelnde Kundschaft beklagen konnte.
Mein treuer Ossenstert, dessen Schwäche für schöne Frauen allenfalls noch von seiner Leidenschaft für den goldfunkelnden Rebensaft erreicht wurde, ließ sich unter Ächzen aus dem Sattel gleiten und knetete anschließend so übertrieben sein Gesäß, dass ich es mit nur schlecht verhohlenem Grinsen freiwillig übernahm, unsere Pferde in den Stall zu führen und zu versorgen. Platz und Futter waren ausreichend vorhanden, denn außer unseren befanden sich hier bloß noch zwei weitere Reittiere.
Als ich nach einer Weile meinem Freund in die Schankstube folgte, saß er schon, von allen Zipperlein genesen, am besten Tisch neben dem Kamin und blickte mit Wohlbehagen auf zwei volle Becher, die soeben von einer zuckersüß lächelnden Schankmagd gegen die bereits geleerten getauscht wurden. Dabei strahlte er die Zufriedenheit eines Bären aus, der einen Honigstock geplündert hat, ohne auch nur von einer einzigen Biene gestochen worden zu sein.
Ihm gegenüber hockte auf einem Schemel, der für seine Leibesfülle zu winzig erschien, ein kugelköpfiger Kerl mit dünnem Haar und dickem Fettpanzer. Bei meinem Herannahen sprang er auf und verbeugte sich mehrfach. „Es ist mir eine große Freude, zwei so hohe Herren in meiner bescheidenen Herberge begrüßen zu dürfen. Ganz zu Euren Diensten!“

Während ich mich für die freundliche Aufnahme bedankte, musste ich an das Herbergsschild denken. Zumindest passte das vom übermäßigen Branntweingenuss gerötete Gesicht des Wirts zur Farbe des Stiers.
Ossenstert hatte ihn in meiner Abwesenheit schon über unseren Auftrag in Kenntnis gesetzt, denn er winkte sein Weib heran und begann zu erzählen, bevor ich auch nur eine einzige Frage stellen konnte.
„Ich kann mich an die Männer, die Ihr sucht, gut erinnern. Sie speisten zusammen mit drei Kerlen, die zum ersten Mal hier eingekehrt waren und, mit Verlaub gesagt, keinen sonderlich Vertrauen erweckenden Eindruck auf mich machten. Mein Weib hier kann das bestätigen. Nach dem Essen habe ich sie alle nicht mehr gesehen. Ich weiß daher nicht, ob sie, wie angekündigt, im Stall bei den Pferden geschlafen haben und dann gleich in aller Herrgottsfrühe aufgebrochen sind. Ich will mich jedoch bei den anderen Gästen, die öfters hier vorbeikommen, für Euch nach ihnen erkundigen. Fuhrleute, Sendboten und Landsknechte, sie alle beehren mich mit ihrem Besuch. – Ruht Euch nur ein oder zwei Nächte bei mir aus in dieser unruhigen Zeit, lasst es Euch wohl sein im ‚Roten Stier', und es müsste schon mit dem Teufel zugehen, wenn ich Euch nicht von Nutzen sein könnte."
Sein dralles Weib nickte fortwährend dazu und kredenzte uns erneut einen wohl bemessenen Becher. Wie Ihr, meine trinkfesten Freunde, ja wisst, bin ich kein Mann, der einen guten Schluck verachtet, und erst recht keiner, der nach dem dritten Humpen unter den Tisch sinkt. Die Zecherei, zu der uns unser Gastgeber hier ermunterte, ging mir jedoch entschieden zu rasch voran. Deshalb entgegnete ich, während ich meinen Blick durch die gut gefüllte Schänke wandern ließ: „Nun, so lasst uns

am besten gleich mit den Nachforschungen beginnen, solange wir noch alle Herr unserer Sinne sind."

„Gewiss, gewiss, doch soll mir niemand nachsagen können, ich wüsste nicht die Anwesenheit so hoher Herren zu würdigen und würde ihnen gegenüber meine Pflichten vernachlässigen. Also esst und trinkt auf Kosten des Hauses und lasst mich nur machen. Ich verspreche Euch, ich werde Euch von Euren Nöten befreien." Mit diesen Worten machte er sich katzbuckelnd auf den Weg in die Ecke neben uns, in der ein paar Fuhrknechte würfelten, und begann mit seinen Fragen.

Und während er so von Tisch zu Tisch wechselte, zwischendurch immer wieder zu uns herüberblickte und bedauernd den Kopf schüttelte, wurde sein Weib nicht müde, uns mit schwerem Wein aus einem irdenen Krug zu versorgen. Auch Brot, Wurst und Käse waren inzwischen aufgefahren worden.

Es dauerte nicht lange und ein umfassendes Gefühl der Wohligkeit bemächtigte sich unser. Ich gebe es ungern zu, doch kann ich nicht verhehlen, dass nicht nur mein Freund Johannes von unserem eiligen Ritt ermattet war. Obendrein taten die heimelige Wärme des Kamins, unsere vollen Bäuche und der im Übermaß genossene Wein ein Übriges, so dass die Abenddämmerung gerade erst hereinbrach, als ich die Wirtin darum bat, uns unsere Schlafstelle zuzuweisen.

Mein Wunsch ließ einen bedauernden Ausdruck auf ihrem sonst ständig lächelnden Gesicht erscheinen. „Oh, Ihr Herren, seid meinem Mann nicht Gram, dass wir Euch kein Gemach in diesem Hause anbieten können, da bereits alles belegt ist. Wir hatten keine Ahnung von Eurem Kommen, so dass alle Kammern bereits vergeben sind. Wenn es Euren Ansprüchen aber genügt, werden wir Euch gerne unsere eigene Lagerstatt zur Verfügung stellen und selber hier in der Küche schlafen. Es ist zwar nur ein winziges Häuschen, das ein wenig abseits hinter den Stallungen liegt und keine sonderlichen Annehmlichkeiten bietet, doch ist es dafür besonders ruhig und sehr sicher, denn mein Mann hat es gut befestigt, zu einer Zeit, als hier noch marodierende Landsknechtshorden vorbeizogen. Bloß eine simple Hütte, aber sie erfüllt ihren Zweck. – Wenn Ihr mir also folgen wollt."

Die nämliche Behausung, die sich noch hinter dem Stall in etwa hundert Schritt Entfernung von der Schänke befand, war nicht mehr als ein schlichter Raum ohne Keller und Dachboden. Die Schlafkammer enthielt außer einem Schrank, zwei Hockern, einem Tisch mit Waschgeschirr und Kerzenleuchter nur noch die beiden Betten. Sie bestanden aus mit dem Boden abschließenden Bretterrahmen, die mit Strohsäcken und ein paar dicken Decken ausgefüllt waren.

Bei meinen früheren Aufträgen hatte ich oft unter weitaus unbequemeren Umständen nächtigen müssen, sogar wiederholt im Freien auf nackter Erde, so dass mir angesichts meiner gegenwärtigen Mattigkeit die angebotene Schlafgelegenheit durchaus zusagte.

Ossenstert, dessen Gang gleichfalls nicht mehr der sicherste war und der noch ungleich erschöpfter wirkte als ich, schien entzückt und ließ sich nach einem kurzen Rundblick vollständig angezogen mit geschlossenen Augen aufs Bett fallen. „Herrlich, mein Freund, nicht wahr? Endlich eine Mission des fetten Franz, die mich zufrieden zu stellen vermag. Gut geschmaust und noch besser getrunken, der Wirt macht unsere Arbeit, und ich müsste mich schon sehr irren, wenn sich die freundliche Schankmagd morgen nicht dazu überreden ließe, mir bei meinem Müßiggang behilflich zu sein."

Ich wäre seinem Beispiel nur zu gerne gefolgt, doch war mir in all den Jahren die Vorsicht nicht nur zur zweiten, sondern tatsächlich zur ersten Natur geworden. „Vergiss bei deinen süßen Träumen nicht, weswegen wir hier sind“, mahnte ich daher. „Die Boten sind sicher nicht freiwillig verschwunden, ihnen sind die Zornesausbrüche unseres Herrn nur zu gut bekannt. Und hier, hier in dieser Schänke sind sie ein letztes Mal gesehen worden. Sollten wir daher nicht besser überlegen, ob wir des Nachts abwechselnd wachen?“

Ich muss gestehen, dass mein Vorschlag nur halbherzig klang, denn auch mich hatte die Müdigkeit übermannt und ich sah keinen Anhaltspunkt für das Drohen einer wirklichen Gefahr. Wahrscheinlich wollte ich nur eine Besänftigung durch meinen klugen Freund, um gleichfalls die Augen beruhigt schließen zu können. Ossenstert enttäuschte mich nicht. „Nachts wachen, wozu das? Gehören wir vielleicht zu den Mönchen, die sich blutig geißeln, weil ihnen sonst das Leben zu angenehm erscheint? Dieses Haus ist eine kleine Festung, das sollte ein Mann mit deiner Erfahrung doch auf den ersten Blick bemerkt haben. Also leg dich hin und schlaf!“ Seine Stimme war immer leiser geworden. Die letzten seiner schon im Halbschlaf gemurmelten Worte lauteten: „Wir sind hier so sicher wie in Abrahams Schoß.“

Ich fühlte mich nicht viel munterer als mein Begleiter. Also legte auch ich mich nieder. Auf der Schwelle zum Schlaf zogen vor meinem inneren Auge all die Dinge vorbei, die unserer Nachtruhe Ungestörtheit verleihen sollten: die von innen verschlossene Tür, die verrammelten Fenster, der feste Boden aus derben Holzplanken, die dicken Mauern und das lukenlose Dach. – Und dann sah ich die Pferde!

Ich schoss bolzengerade in die Höhe. „Johannes Ossenstert, du bist der klügste Kopf auf Erden!“

Mein Lob schien den Schlaftrunkenen, der nur mit Mühe seine Sprache wieder fand, nicht sonderlich zu beeindrucken. „Was bringt dich ausgerechnet jetzt zu einer Erkenntnis, die so klar auf der Hand liegt und der übrigen Welt seit Jahren offenbar ist?“

Ich sprang zu seinem Lager und rüttelte ihn. „Komm endlich auf die Beine, wenn du nicht sterben willst. Und danke für deine Bemerkung; denn sie wird uns das Leben retten. Sicher wie in Abrahams Schoß? Von wegen, wir sind hier in des Teufels Schoß! Die Schufte werden noch in dieser Nacht versuchen, uns ebenso umzubringen wie die Boten des Bischofs.“

Meinem Freund war nicht verborgen geblieben, wie ernst es mir war. Er wurde augenblicklich hellwach, begriff jedoch immer noch nicht ganz, worauf ich hinauswollte. „Die Boten sind tot? Woher weißt du das, hat der Wirt dir ...?“ Mein Gesichtsausdruck musste ihm einiges verraten haben. Gleichwohl bemerkte er kopfschüttelnd: „Aber du hast doch selber gemeint, dass dieses Haus hier wie eine Festung ...“

„Das ist es ja gerade, du Schlaukopf, was uns so arg- und damit auch so wehrlos machen soll. Die vermeintlich vollkommene Sicherheit! Bloß haben sie die Pferde vergessen. – Schau mich nicht so an, als hätte man einen Nachttopf über deinem Kopf ausgeleert. Im Stall befinden sich außer den unseren nur zwei fremde Pferde. Bloß zwei, bei einem Haus, das voll belegt sein soll? Glaubst du etwa, dass von allen Reisenden, die angeblich alle acht Schlafkammern des Gasthauses füllen, nur zwei beritten waren? Pah, von denen, die sich die Nacht in einer solchen Herberge leisten können, geht kein einziger zu Fuß. Fast alle Gäste aus dem Schankraum sind mit Sicherheit ohne Reittier unterwegs, stammen folglich aus der Umgebung und haben sich längst wieder auf den Weg gemacht. Oh nein, das war alles nur ein Vorwand, um uns hier einzuquartieren, hier in dieser Abgeschiedenheit, in der es keine Lauscher oder sonstigen Zeugen gibt. Glaub mir, es wird etwas geschehen, und zwar noch heute Nacht."

Ossenstert wiegte zweifelnd den Kopf, er war nicht überzeugt. „Und wie soll etwas geschehen? Du hast doch selber gesehen, dass diese Kammer wie eine Festung uneinnehm..."

„Das ist es ja eben, was du gesagt hast: wie in Abrahams Schoß. Genau diesen Eindruck sollen wir bekommen und dadurch zu leichten Opfern werden. – Glaube mir, es wird eine unsichtbare Vorrichtung geben, die es den Gaunern ermöglicht, über die Schlafenden herzufallen. Wir müssen sie nur noch finden."

Doch wir fanden sie nicht. Obwohl wir alle Kerzen entzündeten, um für größtmögliche Helligkeit zu sorgen, und alles betasteten und befühlten, den Schrank von der Wand rückten, Strohsäcke und Decken aus den Bettrahmen nahmen und sogar versuchten, unsere Klingen in die schmalsten Spalten zu zwängen, wir entdeckten nichts, was sich bewegen ließ oder etwa ein verborgenes Getriebe in Gang setzte.

Ich bemerkte wohl, dass der Blick meines treuen Freundes von Minute zu Minute zweifelnder wurde, bis ich mich selber enttäuscht auf mein Bett hockte, den Kerzenhalter, mit dem ich eben noch die Balkendecke abgeleuchtet hatte, neben meinen Füßen direkt am Bretterrahmen des Bettes.

Ich grübelte und grübelte, ohne auch nur eine Winzigkeit voranzukommen, während sich Ossenstert bereits wieder auf seiner Bettstatt zusammengerollt hatte und nur gelegentlich einige verhaltene Grunzlaute von sich gab. Als sich auch mein Blick, den ich die Zeit über auf die stark flackernde Flamme gerichtet hatte, schließlich vor Anstrengung trübte, war ich trotz aller Bedenken bereit, es ihm gleichzutun.

So hob ich die Kerze vom Boden hoch, um sie zur Nachtruhe auszublasen. Doch als ich sie mir vors Gesicht führte, brannte sie trotz der Bewegung nun ruhiger als an ihrem alten Standort. Wie müde ich auch sein mochte, dieser so unerheblich scheinende Umstand erweckte erneut meine Geister, die in all den Jahren der Gefahr die Erhaltung meines Lebens zu ihrem höchsten Ziel erklärt hatten.

Also stellte ich die Kerze wieder auf den Boden an ihren früheren Platz, und siehe da, die Flamme vollführte sofort ihren altbekannten Tanz. Ich wiederholte das Spiel noch dreimal, und immer zeigte sich mir der gleiche Wechsel von ruhig brennendem Licht und heftig flackernder Flamme.

Nun schob ich den Leuchter ohne besonderen Plan mit dem Fuß über den Boden hierhin und dahin, doch nirgends trat dieses eigentümliche Flackern auf als unmittelbar in der Nähe des Nachtlagers.

Mehr brauchte es nicht, um mir die Munterkeit zu verleihen, die so oft mein Leben gerettet hat. Ich legte mich flach auf den Boden und verspürte sogleich nahe am Bettrahmen einen hauchfeinen Luftzug, der direkt aus der Erde aufzusteigen schien. Doch so sehr ich auch forschte und erneut mit meinem Dolch in den Spalten des Fußbodens herumbohrte, das Rätsel ließ sich nicht lösen, selbst mit der Hilfe meines neugierig gewordenen Freundes nicht.

Und da wir nach einer Weile keine Erklärung dafür fanden, ließ auch dessen Interesse wieder nach. „Ein kleiner Luftzug hie und da wird schon die Welt nicht verändern. Und den Rotz wird er uns auch nicht bescheren, wenn wir uns nur fest genug zudecken."

Ossenstert hatte seine Decke bereits wieder bis zum Kinn gezogen, als ich ihn aus seinem Bett in eine Ecke des Raumes zerrte. „Ich weiß zwar nicht was, aber ich bin gewiss, dass heute Nacht etwas geschehen wird. Und es wird ebenso gewiss nichts sein,

was unserer Gesundheit zuträglich ist. Also mach dich gefälligst nützlich und hilf mir, unsere Strohsäcke so herzurichten, dass man sie wenigstens für einen Moment für uns halten könnte. Und dann verhalte dich still, wenn dir dein Leben lieb ist!"
Nun, ganz still war er nicht, und das war vielleicht noch besser, da sein kurz darauf einsetzendes gleichmäßiges Schnarchen jeden Mordbuben von unserer Wehrlosigkeit überzeugen musste. Ich selber hatte mich auf der Fensterseite in die andere Ecke gehockt, meine mit gehacktem Blei geladenen Radschlosspistolen in den Händen, mein blankes Rapier neben mir, und harrte der Dinge, die unweigerlich kommen mussten.
Und sie kamen auch. Doch ich Pflichtvergessener begegnete ihnen nicht mit der nötigen Wachsamkeit, die eine derart lebensbedrohliche Lage von mir erfordert hätte. Denn Euer sonst so vorsichtiger Frederik kann der Wahrheit zuliebe nicht verhehlen, im Laufe der Nacht eingenickt zu sein. Ein donnergleicher Schlag rief mich zurück in die Wirklichkeit. Ein Schlag, so heftig, dass sogar die Behausung um uns herum erzitterte.
Zwar gewann ich aufgrund meiner Erfahrung mein volles Bewusstsein in Sekundenschnelle zurück, doch war ich anschließend um so verblüffter, als ich urplötzlich vor mir in ein großes, eckiges Loch im Boden starrte, just da, wo vorher unsere Betten gewesen waren.
Ich beugte mich über den Rand und blickte in einen Kellerraum, wo sich meinen Augen ein Anblick bot, wie ich ihn sonst nur von den Gemälden jener Kirchenmaler kannte, die sich nach Kräften bemühen, die Höllenqualen verdammter Seelen besonders sinnfällig herauszustellen. Im von rötlichem Fackelschein erhellten, schachtgleichen Gelass unter dem Schlafraum ragten direkt unter dem Platz der Bettrahmen Dutzende von Eisenstacheln aus dem Boden. Jeweils über eine Spanne lang, hatten sie

die von uns hergerichteten Strohfiguren an vielen Stellen durchbohrt. Und daneben standen unsere Wirtsleute, die Gesichter von Mordlust verzerrt, und droschen wuchtig mit einem dicken Holzknüppel und einem Schmiedehammer auf unsere Stellvertreter ein.

Als das Mörderpaar seinen Irrtum bemerkte, war es ob der Situation verblüffter als wir, ihre vermeintlichen Opfer. Und als die beiden dann noch nach oben in die Mündung meiner Pistolen blickten, war es für Ossenstert ein Leichtes, sich behände hinunterzuschwingen und sie zu fesseln, bevor sie aus ihrem ungläubigen Erstaunen erwachten.

Ihr, meine vorausdenkenden Freunde, die Ihr aus ernüchternder Entfernung vom Geschehen Eure Schlüsse ziehen könnt, werdet schon durchschaut haben, mit welcher vergleichsweise simplen Vorrichtung die Betten ihre Aufgabe als Todesfalle erfüllen sollten. Sie waren passgenau auf einer Falltür angebracht, die über ein Gestänge von einem einzigen Riegel gehalten wurde. Schlug man den beiseite, sackte die gesamte Konstruktion zuerst blitzartig in die Tiefe, um nach etwa einer Elle so umzuklappen, dass jeder ahnungslose Schläfer in den sicheren Tod geschleudert wurde.

Uns erwartete jetzt keine schwierigere Aufgabe, als den Anbruch des Tages abzuwarten. Während Ossenstert die Gefangenen bewachte, wartete ich in der Schänke auf das Erscheinen eines Gastes, den ich als Sendboten einsetzen konnte. Das Schicksal wollte es, dass es sich dabei um einen wenig umgänglichen Priester handelte, der ursprünglich beabsichtigt hatte, erst nach dem Mittagessen weiterzuziehen. Aber, wie so oft, überzeugte ich auch diesen faulen Kerl ziemlich schnell auf meine Weise davon, dass es besser für ihn sei, meinem Wunsch zu entsprechen.

Und so war das einzig Erstaunliche an seinem Abgang, mit welchen Verwünschungen der fromme Kirchenmann sein Reittier zur Eile antrieb, um die Gunst seines Bischofs zu erlangen – oder zumindest meinem Zorn zu entfliehen.
Es mag sich nicht geziemen, abschätzig über seinen Herrn zu reden, doch ich konnte im Hirn des fetten Franz lesen wie in einem Buch. Deshalb wusste ich von Anfang an, dass er uns eine beträchtliche Nachhut hinterher geschickt hatte, um sein Gold zu sichern, wenn wir es zusammen mit den Boten gefunden hätten. In diesem Trupp würden sich auch die richtigen Männer befinden, um die Verantwortlichen zur Rechenschaft zu ziehen. Unser Priester hatte daher keinen allzu weiten Weg zurücklegen müssen, bis er auf des Bischofs Leute stieß.
So war der Mittag kaum vorüber, als unsere Unterstützung eintraf und wir ihnen die Gefangenen übergeben konnten. Diese zeigten sich im Gegensatz zu ihrer sonstigen Art wenig gesprächig. Als man den feisten Halunken aber in seinem eigenen Schankraum nackt auf einen Tisch legte, die Eisen glühten und sich der Profos mit ihnen jenem Körperteil zuwandte, den der Schurke auf dem Wirtshausschild so aussagekräftig hatte verherrlichen lassen, dauerte es nur wenige Augenblicke, bis die verlangten Auskünfte hervorsprudelten wie ein munterer Bergquell.
In der Tat waren die bischöflichen Boten so gestorben, wie man es auch uns zugedacht hatte. Und nicht nur sie. Im Laufe der letzten Jahre hatten vierzehn Personen ihr Schicksal geteilt, waren ausgeplündert und im nahen Wald verscharrt worden. Unsere Leichen hätten sich dazugesellen sollen, um die Nachforschungen zu unterbinden. Ossenstert und ich hatten genug gehört und konnten uns nun endlich in einem der leeren Gastzimmer zur Ruhe legen.

Als wir gegen Abend wieder in der Schänke erschienen, war von den Wirtsleuten nichts mehr zu sehen. Nur die Männer des Bischofs waren noch da und ließen es sich in bester Stimmung mit den Vorräten des Wirtshauses wohl ergehen.
„Wo sind die beiden jetzt?“, wollte ich vom leicht angetrunkenen Hauptmann wissen.
„Oh, wenn Ihr Euch auf dem Heimweg ein wenig beeilt, werdet Ihr sie noch überholen. Nachdem sich unser Foltermeister so erfolgreich mit ihnen befasst hat, sind sie durchaus umgänglich geworden. Ich bin sicher, dass sie Euch in ihrer umfassenden Reue mit einem heiteren Tänzchen für den Unbill entschädigen werden, den Ihr in ihrem Hause erlitten habt. Doch, wie gesagt, Ihr solltet Euch sputen.“
Um es kurz zu machen, wir brauchten bloß bis zur nächsten Biegung zu reiten, von der aus man einen ungehinderten Blick auf den Galgen hatte. Dort hoch über dem Boden drehten sich ihre Körper und zuckten mit den flatternden Bewegungen von Moriskentänzern.
Ich müsste lügen, würde ich behaupten, ich hätte bei diesem Anblick Mitleid empfunden. Denn mein Leben lang werde ich das Bild vor Augen haben, wie im Keller dieser teuflischen Herberge unser Bettzeug von den Stacheln durchlöchert wurde und mit welcher Inbrunst das Mörderpaar auf seine vermeintlichen Opfer einprügelte.
Und Ihr, meine aufmerksamen Zuhörer, dürft mir jetzt jeder einen Becher Wein spendieren, damit die Erinnerung an jene Nacht, die ich nie vergessen werde, zumindest ein wenig gemildert wird.

Heike Reiter: Das Totenglöckchen

Roth 1511

Einen solchen Gewittersturm hatte die kleine fränkische Stadt lange nicht erlebt. Blitz, Donner, sintflutartiger Regen – wie entfesselt entlud sich der Zorn der Elemente. Alles Leben suchte Schutz. Agnes jedoch kauerte an den Mauern der Kirche. Fühlte nicht den Wind, spürte nichts vom kalten Regen. Die Stimme der Totenglocke rief einen Namen: Egidius!

Ein greller Blitz fuhr aus den höllenschwarzen Wolken. Für den Bruchteil eines Augenblicks sah Agnes noch einmal das Gesicht ihres toten Verlobten. Der Sturz vom Kirchturm hatte Egidius zerschmettert. Alles Blut war aus seinem Körper gewichen.

„Wer hat dich gestoßen?" Der Wind riss Agnes die Worte von den Lippen. Er schleuderte sie gegen die unerbittlichen Mauern des Kirchenbaus. Agnes sank neben dem Leichnam zu Boden. Die Totenglocke sang von sterbender Hoffnung.

Als man sie fand, hatte sich Agnes alle Kraft aus dem leeren Herzen geweint. Ihr Vater führte sie fort. Andere Männer kümmerten sich um den Toten. Noch immer läutete die unheimliche Glocke.

„Er ist nicht von selbst gestürzt", rang sich Agnes die Worte ab. Ihr Vater gab sie in die Obhut der Frauen. Sie beteten Rosenkränze und lasen Psalme. „Jemand hat ihn getötet."

Sie brachten sie zu Bett und gaben ihr etwas von einer Schlafmohnkapsel. Die alte Luise wusste wie viel. Dem Pfaffen sagten sie nichts davon.

Agnes schlief. Egidius beschirmte sie in ihren Träumen.

Als sie am nächsten Morgen erwachte, war er fort. Sie wusste, dass sie ihn nie wieder sehen würde. Aber sie hatte ihm ein Versprechen gegeben. Die Umstände seines Todes sollten nicht im Dunkeln bleiben.

Ein trauriger Zug gab Egidius Embhart das letzte Geleit. Noch immer heulte der Wind um den Kirchenbau. Reglos standen die dunklen Kreuze auf dem Friedhof. Aus den mächtigen Bäumen vor dem Hauptportal der Kirche fielen mit dem Wind Blätter und Angst.
Alle Bewohner des Ortes begleiteten den Baumeister zu seiner letzten Ruhestätte. Ganz vorn ging Egidius' Bruder Endres. Der kräftige Mann – auch er war Kirchenbaumeister – ging geduckt, als sei sein Rückgrat gebrochen. Für seine Tränen schämte er sich nicht. Agnes hing zwischen ihren Eltern. Hinter sich wusste sie Kaspar, ihren Vetter und Freund aus Kindertagen und dahinter all die Menschen, die sie seit vielen Jahren kannte und schätzte. Einer davon war ein Mörder.
Grau verging dieser fürchterliche Tag. Der nächste Morgen kam freundlich. In Agnes blieb alles dunkel. Kein Sonnenstrahl erreichte ihr kalt gewordenes Herz. Viele versuchten sie zu trösten, doch keinem gelang es. Kaspar wich nicht von ihrer Seite. Die Mutter brachte heiße Suppe. Agnes konnte nichts zu sich nehmen.
„Ich werde herausfinden, was mit Egidius geschehen ist."
„Aber Kind", entsetzte sich die Mutter, „das schickt sich nicht!"
„Du wirst dich in Gefahr bringen", gab Kaspar zu bedenken.
„Das ist ausgeschlossen!", entschied der Vater.
Agnes blickte starr durch ihre Lieben hindurch. Sie sah nur Egidius' totes Gesicht. Und dann hörte sie die Stimme der Totenglocke. Verstört sahen sie sich an. Agnes' Mutter begann zu beten.

„Hört! Das ist die Glocke des Baumeisters!“, flüsterte Agnes' Vater Matthäus. Er, der Lateinschullehrer, den kein fauler Zauber schrecken konnte, zitterte wie Espenlaub. „Sie läutet – zu seiner Todesstunde. Aber es hat doch niemand den Schlüssel zu der Kammer, in der sie aufbewahrt wird. Niemand außer ...“ Die Stimme versagte ihm fast vor Entsetzen. „... außer Egidius, mit dem sie begraben wurde.“
„An der Glocke hing sein ganzes Herz“, wisperte Agnes, „sie war sein Stolz, das Kostbarste, was er besaß.“ Sie blickte auf ihre Hände. Zum Gebet hatten sich ihre Finger nicht gefunden. „Wir kamen manches Mal in Streit wegen dieser Glocke. Sie bedeutete ihm so viel. Nie wollte er mir ihre Geschichte erzählen. Woher sie kam, warum er sie hatte. Manchmal las ich von Angst in seinen Augen, wenn er zu ihr hinaufblickte.“
„Es ist eine Glocke, wie es keine zweite gibt“, meinte Kaspar.
„Was weißt du davon?“, fragte Agnes sofort.
„Sie ist so anders. Ihre Stimme hört man überall“, sagte er schnell.
„Sogar im Jenseits.“ Agnes fröstelte. „Das hat Egidius gesagt.“
„Gott steh uns bei!“ Die Mutter verkrampfte sich. „Das ist Teufelswerk!“
„Sie ruft den Mörder bei seinem Namen.“ Agnes stand auf. „Ich werde lernen, sie zu verstehen.“
Die Stimme der Glocke verwehte, als habe der Wind sie fort geblasen. Matthäus ging mit Kaspar und dem Sakristan den Kirchturm hinauf, um nach dem Rechten zu sehen. Er kam mit der Nachricht zurück, dass die Kammer, in der die Glocke des Baumeisters hing, verschlossen und nicht zugänglich war.

Der Wind wühlte in Agnes' schwarzer Trauerkleidung.
„Auch Endres hat sich um den Auftrag, unsere Kirche umzubauen, bemüht“, sagte sie.

Sie stand vor dem frischen Grab ihres Verlobten. Was sie vorhatte, war ungeheuerlich, ja gefährlich, das wusste sie. Für sie aber hatte alles, was das Leben ihr noch antun konnte, seinen Schrecken verloren. Sie suchte Egidius' Mörder.
Ihr Vetter Kaspar war bei ihr. Der junge Mann schien sich in der Rolle des Beschützers zu gefallen.
„Endres hatte das Nachsehen", fuhr Agnes fort. „Warum ist er trotzdem hierher gekommen?"
„Er wollte seinen Bruder besuchen, sagt er."
„Endres ist jähzornig und unbeherrscht. Auch er braucht Aufträge, um leben zu können. Wozu ist er fähig? Wenn sie dort droben ..." Sie legte den Kopf in den Nacken und sah zu dem Dach des hohen Kirchturms hinauf. „Wenn sie da in Streit geraten sind ... Endres ist viel kräftiger als Egidius. Er hätte ihn zu Fall bringen können."
„Frag ihn", schlug Kaspar vor.
„Das werde ich." Agnes holte tief Luft. „Zuerst möchte ich mir aber Egidius' Kammer im Pfarrhaus anschauen."
Der Schmerz war stärker, als sie befürchtet hatte. Der Pfarrer hatte sie mitfühlend zu der kleinen Kammer begleitet. Nun wünschte sie, nie hergekommen zu sein. Alles sah so aus, als würde Egidius jeden Moment zurückkommen. Im Schrank hing noch sein Sonntagsgewand. Auf dem Nachttisch war die Bibel aufgeschlagen, als habe Egidius gerade noch darin gelesen. Agnes zitterte.
„Warum quälst du dich so?" Kaspar kam zu ihr. „Lass den Toten ruhen. Du wirst ihn nicht mehr lebendig machen."
Agnes nahm die Bibel vom Nachttisch. Ihr Vater hatte ihr Lesen und Schreiben beigebracht, sie konnte sogar Latein. Es war eine jener einfachen Bibeln, die noch von Meister Gensfleisch selbst in Mainz gedruckt worden waren. Schon einmal hatte sie in dem

Buch geblättert. Egidius war böse geworden, hatte es ihr entrissen und im Schrank eingeschlossen. Jetzt nahm ihr niemand die Heilige Schrift aus den Fingern. An einer Stelle lag ein loses Blatt zwischen den Seiten, bedeckt mit Egidius' steiler Handschrift.

„Die Offenbarung des Johannes", flüsterte sie. „Warum hat er sie übersetzt? Sie muss ihm sehr wichtig gewesen sein ..."

Kaspar streckte die Hand nach dem Buch aus, doch Agnes beachtete ihn nicht.

„Offenbarung des Johannes 1, 17 – 18", begann Agnes zu lesen. „Und als ich ihn sah, fiel ich zu seinen Füßen wie ein Toter; und er legte seine rechte Hand auf mich und sprach zu mir: ‚Fürchte dich nicht! Ich bin der Erste und der Letzte und der Lebendige. Ich war tot und siehe, ich bin lebendig von Ewigkeit zu Ewigkeit und habe die Schlüssel der Hölle und des Todes.'"

Mit Tränen in den Augen sah sie zum Kirchturm hinauf. „Fürchte dich nicht", wiederholte sie mit bebenden Lippen. „Wusste Egidius, dass er sterben würde?" Und worum handelte es sich bei dem Schlüssel der Hölle und des Todes? Ein schrecklicher Verdacht erfüllte Agnes.

Wie zu der Zeit, als Egidius noch gelebt hatte, ging Agnes auch an diesem Abend zur Kirche. Ihren Eltern und Kaspar hatte sie erzählt, dass sie beten und eine Kerze für den toten Baumeister anzünden wolle. In Wahrheit suchte sie jedoch das Gespräch mit Endres. Sie wollte ein Geständnis von ihm erzwingen. Aber wie? Über der Kirche zog ein Unwetter auf. Egidius' Todesstunde war nah. Im Kirchenschiff befand sich niemand. Von Egidius' Bruder fehlte jede Spur. In der Ferne rollte Donner.

„Frau Agnes!"

Sie fuhr entsetzt zusammen. Unbemerkt war der Sakristan zu ihr getreten.

„Man sagt, dass Ihr glaubt, der Tod Eures Verlobten sei kein Unfall gewesen." Der Sakristan zog etwas aus seinem Gürtel. „Ich war dabei, als Egidius für die Beerdigung hergerichtet wurde." Er öffnete die Hand. Ein kleiner silberner Knopf, verziert mit einer fein eingearbeiteten Rose, lag darin. „Ich musste dem Herrn Baumeister fast die Finger brechen, so fest hielt er den Knopf umklammert." Er hielt ihr das Fundstück hin.
Zögernd nahm sie es. Irgendwo hatte sie einen solchen Knopf schon einmal gesehen. Am Wams von Endres?
„Möge Gott Euch schützen!" Ohne ein weiteres Wort zu verlieren, wandte sich der Sakristan um und verließ die Kirche.
Draußen wurde der Wind stärker. Das Tageslicht schwand. Zwielicht schwebte durch das Kirchenschiff. Egidius' Glocke begann zu läuten.
Agnes verließ die Kirche und lief zum Turm. Die Tür war geöffnet. Sie raffte ihre Röcke und eilte die steinerne Treppe hinauf. Schnell kam sie außer Atem. Sie hörte den Wind, der um den Turm heulte wie ein wildes Tier. Donner rollte. Die Stimme der Glocke übertönte alles. Sie läutete vom Tod. Agnes erreichte das Ende der Steintreppe. Vor ihr öffnete sich ein düsterer Raum. An seinem Ende wand sich, wie eine Schlange aus dunklem Eisen, eine schmale Treppe noch höher hinauf. Agnes zwang sich weiter. Ihre Beine zitterten. Sie hatte Angst. In den Dachschindeln klapperte der Wind. Völlig außer Atem erreichte sie das Ende der Treppe. Nur eine winzige Kammer gab es hier noch. Die Kammer, in der Egidius' unheimliche Glocke wohnte. Obwohl der Schlüssel zu der Tür angeblich mit ihm begraben worden war, stand sie offen. Agnes schlug das Herz bis zum Hals. War er zurückgekehrt? Als Erster und Letzter und Lebendiger, wie es in der Offenbarung geheißen hatte?
Jetzt endlich sah Agnes die Glocke. Ihr glatter Leib wirkte wie mit schwarzem Pech übergossen. Sie war klein und überwand

mit ihrer Stimme doch alle Grenzen. Sie gehörte nicht in diese Welt. Ein Schrei steckte in Agnes' Kehle. Er verklang. Endres! Der unheimliche Glöckner war Endres.

„Wie kommst du hier herein?", schrie sie ihn an. Er reagierte erst, als Agnes ihn an der Schulter packte. Sein Gesicht war vor Anstrengung gerötet, die Augen tränennass.

„Wie hast du dir Zutritt zu diesem Raum verschafft?", wollte Agnes wissen.

Sie starrte auf die Knöpfe an seinem schmutzigen Hemd. Sie waren silbern – und vollzählig. Keiner fehlte. Zumindest nicht an diesem Hemd.

„Den Wächtern sind viele Türen unverschlossen", antwortete er und wies auf den gut bestückten Bund mit Schlosshaken, den er am Gürtel trug.

„Ich weiß, was du getan hast", schrie Agnes gegen das Tosen des Unwetters und das Glockengeläut. „Du hast deinen Bruder getötet, um den Umbau der Kirche selbst durchzuführen!"

„Du weißt nichts. Gar nichts!", brüllte Endres. „Es ist die Glocke ..." Das Läuten verschlang seine Stimme.

„Was ist sie?", schrie Agnes zurück.

„Der Schlüssel!", antwortete Endres. Seine Hände fielen vom Glockenseil. Die Glocke schwang trotzdem weiter. „In der Offenbarung des Johannes ist von den Schlüsseln der Hölle und des Todes die Rede." Endres fuhr sich über die Augen. „Schwöre, dass du niemandem verrätst, was ich dir jetzt sage!", verlangte er.

Agnes schwor.

„Die Glocke ist der Schlüssel des Todes. Sie ruft die Toten bei den Namen, die Gott ihnen gegeben hat. Die Namen, mit denen sie zum Weltengericht zitiert werden. Seit Jahrhunderten ist es die Aufgabe unserer Familie, den Schlüssel, der uns einst anvertraut wurde, bis zum Jüngsten Tag zu bewahren. Wir arbeiten

nicht nur an den Bauten zur Ehre Gottes, sondern bewachen sie auch. Wir sind die Wächter."
Agnes starrte den Baumeister fassungslos an. „Das ist doch ein Märlein für Ammen und Kinder!"
„Du wirst bald herausfinden, dass es nicht so ist", erwiderte Endres. „Egidius' Platz darf nicht leer bleiben."
„Ich will wissen, wer ihn getötet hat!", schrie Agnes wild.
„Hast du dir das gut überlegt? Die Wahrheit kann schmerzhaft sein!"
Mit einem Schritt war Endres bei ihr. Seine funkelnden Augen machten ihr Angst. Hatte sie zuviel gewagt?
Schritte eilten die eiserne Treppe herauf. Agnes atmete auf, als sie Kaspar erkannte.
„Dem Herrn sei Dank, dass du da bist!", stieß sie erleichtert hervor. „Du kommst gerade …" Die Worte blieben ihr im Halse stecken. Ihr Blick wurde starr. An Kaspars Wams fehlte ein Knopf. Die verbliebenen waren silbern, verziert mit einer Rose.
„Warum?" Agnes wusste nicht, ob sie das Wort ausgesprochen oder nur gedacht hatte.
Die Stimme der Glocke war jetzt gewaltig. Kaspar ging in die Knie. Noch im Schwachwerden streckte er die Hände nach der Glocke aus.
„Egidius war ein solcher Narr!", schrie er. „Hängt das kostbare Stück in einen Kirchturm zu den Tauben und dem Dreck. Unter ihrem Pech ist sie aus purem Gold!" Seine Stimme überschlug sich. „Welcher Reichtum! Welche Macht! Ich muss sie haben!"
Agnes würgte an ihrem Entsetzen.
„Er wollte sie nicht hergeben …", stieß Kaspar hervor. „Ich zwang ihn, mit mir herzukommen. Jagte ihn den Kirchturm hinauf, bis es nicht mehr höher ging, trieb ihn aufs Dach hinaus. Es war glitschig vom Regen. Er verlor den Halt … fiel …"

Kaspars Blick hing an der schwarzen Glocke.
„Er ist nicht mehr! Aber sie ... sie wird mir gehören! Mir ganz allein!“ Er rappelte sich auf. Jäh war das Innere des Turms in gleißendes Licht getaucht. Die Helligkeit des Blitzes hatte den Turm noch nicht verlassen, als bereits der Donner krachte. Mit solcher Wucht brach der Schlag über dem Kirchturm zusammen, dass alle Glocken summten. Kaspar wich bis zur obersten Treppenstufe zurück.
Agnes Augen weiteten sich, als sie sah, wie ihr Vetter ins Leere trat. Er versuchte, sich festzuhalten, vergeblich. Rücklings stürzte er die eiserne Treppe hinunter. Sein Schrei erstarb.
Agnes und Endres fanden ihn mit unnatürlich verdrehtem Genick am Fuß der Treppe liegen.
„Dieser Seele wird keine Glocke den Weg weisen“, flüsterte Endres.
Agnes schlug die Hände vor das Gesicht.

Endres Embhart ist eine historische Figur. 1511–1513 leitete er den Umbau der Kirche „Zu unserer lieben Frau“ in Roth. Sein Bruder Egidius Embhart starb noch vor der Vollendung der Stadtkirche. Die Totenglocke ist dem Ort bis auf den heutigen Tag erhalten geblieben. Sie hängt mittlerweile im Turm der Friedhofskirche und wird immer dann geläutet, wenn sich eine Seele auf die letzte Reise begibt. Ob es sich bei ihr tatsächlich um einen der Schlüssel handelt, die in der Offenbarung des Johannes genannt werden, weiß man nicht.

Wolfgang Kemmer: Fastnachtsspiel

An den letzten beiden Tagen war nur noch wenig Volk auf den Straßen unterwegs gewesen – ein Umstand, der weniger der Fastnacht als vielmehr der schneidenden Kälte zuzuschreiben war und sich daher auch in Sichtweite der Stadt nicht änderte. Die Wächter am Nachttor kamen nur widerwillig aus ihrem Unterstand hervor und hatten es eilig, die kleine Kutsche abzufertigen. Hans Folz war es, als ob die beiden Männer aber nicht nur deshalb auf Fragen verzichteten, weil sie schnell wieder zu ihrem heißen Met wollten. Sie zeigten sich nicht im Geringsten erstaunt, dass er trotz seines Alters und der unsicheren Witterung mit seinen Begleitern die Reise von Nürnberg gewagt hatte. Offenbar waren sie schon über die Ankunft der Kutsche in Kenntnis gesetzt worden. Folz bremste ihre Eile und fragte sie nach dem schnellsten Weg zum „Fasan“.

„In diese Spelunke wollt Ihr?“ Im Gesicht des Wortführers zeigte sich nun doch so etwas wie Erstaunen. Er warf seinem Kumpan einen viel sagenden Blick zu. „Der ‚Fasan‘ ist hier in der Unterstadt. Seht Ihr dort den Turm von St. Jakob herausragen? Fahrt darauf zu, dann stoßt Ihr auf den Saumarkt. Wenn Ihr Euch dann rechts haltet und immer nur Eurem Gehör folgt, kommt Ihr unweigerlich hin.“

Sein Kumpan lachte.

Folz runzelte die Stirn, eine Frage schon auf den Lippen. Aber der Wächter hatte sich bereits zurückgezogen und bedeutete Albin, der auf dem Bock alles mit angehört hatte, weiterzufahren.

Hans Folz stammte aus Worms. Sein einziger Aufenthalt in Augsburg lag viele Jahre zurück. Während seiner Wanderjahre als Barbierer war er bei Meister Raminger untergekommen und hatte seinen Aufenthalt später im „Lied vom Trinker" verarbeitet. Er kannte den „Fasan" nicht, hatte aber angenommen, es handele sich dabei um eine ehrbare Schankstube in der Oberstadt. Nun war er höchst unangenehm berührt, dass ihr geheimnisvoller Gastgeber nicht einen vornehmeren Ort für die Aufführung gewählt hatte.
Dem Boten, der die Einladung samt einem prall gefüllten Lederbeutel überbracht hatte, waren keine weiteren Auskünfte zu entlocken gewesen. „Ein alter Bewunderer Eurer Kunst", so war der Brief unterschrieben, mit dem man ihn nach Augsburg lud, damit er dort mit seinen Gesellen einige seiner Fastnachtsspiele zum Besten gab. Hans Folz wusste nicht, wer der Unterzeichner des Briefes war, aber ein gewöhnlicher Augsburger konnte es sich gewiss nicht erlauben, rein zu seinem Vergnügen einen Meistersinger aus Nürnberg anreisen zu lassen.
So war es denn auch nicht nur der Inhalt des prall gefüllten Beutels gewesen, der Folz dazu bewegt hatte, sich trotz seiner Jahre noch einmal von seinem Altenteil bei den Zisterziensern zu bequemen, zwei seiner alten Gesellen ausfindig zu machen und mit ihnen dem Ruf nach Augsburg zu folgen. Nein, es waren vor allem auch die Neugier und die Aussicht, möglicherweise einem der nicht nur an Geld, sondern auch an Einfluss reichsten Männer des Landes zu begegnen und natürlich – und das gestand er sich insgeheim ein – ein wenig auch die eigene Eitelkeit und die Gelegenheit, seiner Elsbeth, mit der es von Tag zu Tag schwerer wurde, einmal ein paar Tage den Rücken kehren zu können.
Der Beutel war vordringlich dafür gedacht gewesen, die Kosten der Reise zu decken und sein Inhalt fast gänzlich aufgebraucht.

Allein der Kauf des neuen gefederten Pferdewagens, ohne den Folz schon wegen seines Gliederreißens niemals gefahren wäre, hatte wahre Unsummen verschlungen. Aber der Brief hatte ja noch mehr versprochen. Eine bei den Torwächtern übel beleumundete Spelunke in der Unterstadt unweit des Saumarkts wollte allerdings dazu nicht so recht passen.

Während Folz noch über diese Widersprüche nachsann, war sein Gegenüber, der junge Malchus, schon eifrig damit beschäftigt, aus dem Kutschfenster heraus nach dem „Fasan" Ausschau zu halten.

„Potz Pestilenz", hörte Folz ihn rufen, „sag Albin, wohin sind wir denn hier geraten!" Angeekelt wischte Malchus den Kot ab, der ihm ins Gesicht gespritzt war.

Folz beugte sich ebenfalls vorsichtig zum Fenster hin, hörte aber nur noch den Rest der Antwort: „... Hölle, wenn du mich fragst, und da vorn geht auch schon der Beelzebub mit zwei armen Sündern!"

Gleich darauf kamen drei Gestalten ins Blickfeld. Die größte stützte sich auf einen langen Gegenstand, der an einen gewaltigen Bratspieß erinnerte, sich bei näherem Hinschauen aber als Krücke entpuppte. Alle drei trugen lange Mäntel, deren Beschaffenheit nicht näher auszumachen war, die aber sicher schon bessere Zeiten gesehen hatten. Dass sie nicht für ihre augenblicklichen Besitzer gemacht waren, sah man selbst bei Dunkelheit. Die Gestalten wirkten darin wie drei dürre Stecken, die man in Mehlsäcke gewickelt hatte. Die kleinste trug auf dem Kopf eine arg außer Form geratene Haube. Es schien sich bei ihr um eine Weibsperson zu handeln, aber wer wollte das während der Fastnacht schon so genau sagen. Als die Kutsche an den dreien vorbeifuhr, schrie sie so hoch und unflätig hinterher, dass Folz jedoch keinen Zweifel mehr daran hegte.

Als wäre ihr Geschrei eine Art Alarm gewesen, brach im nächsten Moment ein solch infernalischer Lärm los, dass Folz sich tatsächlich in der Hölle wähnte. Es klang, als seien alle Teufel auf einmal wach geworden und beklagten sich nun lauthals über die Störung. Ein Kreischen, Jaulen, Brüllen und Johlen war zu vernehmen, vermischt mit Pfeifen, Paukenschlägen, Trillern und dazwischen immer wieder unnatürlich spitzen Schreien, die einem durch Mark und Bein drangen.
Malchus versuchte das Getöse zu übertönen, aber sein „Sind da!“ las Folz ihm mehr von den Lippen ab, als dass er es hörte.
„Unser Willkomm!“, gab er zur Antwort, obwohl Malchus sicher genauso wenig verstand wie er selbst.
Die Pferde hielten vor einer dunklen Hofeinfahrt, die sehr eng und niedrig aussah. Folz bezweifelte, ob die Kutsche überhaupt hindurchpasste. Malchus öffnete den Schlag und sprang hinaus. Folz blieb sitzen. Im Gegensatz zur Einfahrt waren die Fenster im Erdgeschoss des Gebäudes hell erleuchtet. Über der Eingangstür war ein verbeultes Schild zu erkennen, das offenbar einmal einen Fasan hatte vorstellen sollen, nun aber eher an die kümmerlichen Überreste eines Suppenhuhns erinnerte.
Die Tür flog auf und heraus strömte nicht nur ein für schier unmöglich gehaltenes Vielfaches des Lärms, sondern auch eine Schar Vermummter, die maßgeblich zu selbigem beitrug. Einige hatten Trommeln, andere Pfeifen, wieder andere Schellen und Rasseln, einer hatte sogar ein Horn, und die meisten grölten dazu auch noch nach Leibeskräften. Die Verkleideten stellten fast allesamt Hexen, heidnische Geister und Dämonen dar und passten damit ganz ausgezeichnet zu dem Krach.
Malchus prallte zurück. Hans Folz hielt sich die Ohren zu. Albin hatte alle Hände voll zu tun, die Pferde zu beruhigen. Zum Glück waren sie müde und entkräftet von der langen Reise.

Zwei Männer lösten sich aus der Menge der Lärmenden und steuerten auf die Kutsche zu. Beide waren weder vermummt, noch hatten sie Instrumente und beteiligten sich auch nicht an dem Geschrei. Der eine hatte einen ledernen Schurz vor seinen stattlichen Ranzen gebunden und war augenscheinlich der Wirt. Der andere war kräftig, aber nicht dick und sein Gewand sah aus, als habe er die abgetragene Schaube und das Barett eines reichen Kaufmannes vom Lumpensammler erworben. Der Wirt blieb bei Malchus stehen, aber der zweite Mann schenkte dem Gesellen keinerlei Beachtung, sondern kam direkt an den Wagenschlag, wo er den Lärm mit einem kurzen Wink seiner linken Hand dämpfte, indem er immerhin die mit ihm nach draußen gekommenen Musikanten zum Verstummen brachte.
„Seid gegrüßt, Meister Folz", sagte er mit heiserer Stimme. „Ich heiße Melcher. Mein Herr wird Euch später auch noch begrüßen, einstweilen aber werde ich Euch zu Diensten sein, so gut ich es vermag. Ich bin nämlich so etwas wie seine rechte Hand!" Dabei streckte er Folz den Stumpf entgegen, an dem wohl einst seine eigene rechte Hand gewesen war, sich nun aber nur noch zwei hölzerne Haken samt einigen damit verbundenen Drähten befanden. Folz zuckte zurück, was der Mann mit spöttischem Grinsen quittierte.
„Die übrigen Gäste sind auch schon fast vollzählig versammelt und brennen darauf, Eure Kunst bewundern zu dürfen. Wenn Ihr mir zu einem heißen Willkommenstrunk folgen wollt. Der Wirt wird sich derweil mit Euren Gesellen um Pferde und Wagen und Euer Gepäck bekümmern."
Ein wenig befremdet dankte Folz für die Begrüßung, weckte, so gut es ging, seine von der Kälte und dem langen Sitzen taub gewordenen Glieder zu neuem Leben und folgte ihm dann ins Haus. Eine Wolke aus Wärme, Lärm und den unterschiedlichsten Gerü-

chen schlug ihm entgegen und betäubte seine Sinne, sodass es geraume Zeit dauerte, bis er in der Lage war, etwas zu erkennen.
Sie standen in der Schankstube, einem niedrigen Raum, der höchstens zehn Fuß in der Länge und fünf in der Breite maß, in dem sich gegenwärtig aber gut und gerne vier Dutzend Zecher befinden mochten. Trotz des musikalischen Empfangs vor der Tür und entgegen den Worten Melchers schenkte niemand ihrem Eintritt Beachtung. Die Gäste schienen alle mit sich selbst beschäftigt.
Hans Folz sah sich um und traute seinen Augen nicht. Auch wenn es lange zurücklag, erinnerte er sich noch gut an die Zeiten, als er seine Fastnachtsspiele auf den Gassen und in den Schänken Nürnbergs vor ehrbaren Handwerkern und Zunftgesellen aufgeführt hatte, ganz zu schweigen von den späteren Auftritten in den Stuben der Kaufleute, nachdem er zum Meistersinger aufgestiegen war. Der Rat der Stadt hatte ihm zwar untersagt, ein Entgelt von den Zuschauern zu verlangen, aber wo kein Kläger, da kein Richter, und neben dem Verkauf seiner in der eigenen Offizin gedruckten Schriften waren die privaten Auftritte ein willkommenes Zubrot zu seinem Einkommen als Barbierer und Wundarzt gewesen.
Vor einer solchen Gesellschaft wie sie sich hier versammelt hatte, war er allerdings noch nie aufgetreten: abgerissene, schmutzige Gestalten, deren eingefallene, zahnlose Münder, hohlwangige Gesichter und verkrüppelte Leiber die Vermutung, es könne sich bei ihren Lumpen lediglich um eine gelungene Verkleidung handeln, unverzüglich ad absurdum führten. Wahrlich eine erlauchte Gesellschaft von Bettlern und Krüppeln war es, die sich hier eingefunden hatte und über die reichlich dargebotenen Speisen und Getränke herfiel wie eine Meute ausgehungerter räudiger Wölfe.

Inmitten dieser Gesellschaft gab es zwei Bankreihen, die mit etwas weniger heruntergekommen aussehenden Gestalten besetzt waren. Unter diesen thronte Jakob Fugger. Folz kannte ihn nur von den Entwürfen, die er bei Meister Dürer in Nürnberg gesehen und die dieser für ein vom Fugger in Auftrag gegebenes Gemälde angefertigt hatte. Trotzdem glaubte er ihn zu erkennen. Was aber machte der erst unlängst vom Kaiser in den Ritterstand erhobene Kaufmann hier in dieser Gesellschaft, wo sich der Abschaum und Bodensatz der Stadt ein Stelldichein zu geben schienen?

Hans Folz' Blicke schweiften weiter. Inzwischen waren auch die Musikanten wieder in die Schankstube getreten, hatten sich ein Plätzchen gesucht und schickten sich an, das Johlen, Kreischen und Zanken, Schmatzen, Rülpsen, Grunzen und Schlürfen der Fresser und Säufer mit ihren Instrumenten zu untermalen.

Mit der Hakenhand winkte Melcher Hans Folz zu, ihm zu folgen. Das erwartungsfrohe Grinsen in seinem Gesicht wich der Enttäuschung, als Folz keinerlei Erschrecken ob des grausigen Stumpfes mehr zeigte. Mit so etwas war der ehemalige Wundarzt nicht noch einmal zu beeindrucken.

Folz folgte dem Einhändigen durch einen Raum voller Fässer, Kisten und Gerümpel in ein kleines Hinterstübchen mit einem roh behauenen Tisch und zwei Bänken. Selbst hier war der Lärm aus der Schankstube immer noch zu vernehmen, wenigstens aber musste man nicht brüllen, um sich zu verständigen.

Folz ließ sich niedersinken. Eine Magd brachte ein Tablett voll dampfender Becher, und als kurz darauf auch Malchus und Albin hereinkamen und vermeldeten, dass Wagen, Pferde und Gepäck gut versorgt seien, wichen erst einmal die größten Sorgenfalten aus der Stirn des Alten.

„Da Ihr gewiss erschöpft von der Reise seid, bittet mein Herr Euch, heute nur noch das ‚Lied vom Trinker' aufzuführen und

mit den Fastnachtsspielen bis morgen zu warten", sagte Melcher, nachdem er bei der Magd geordert hatte, was die Speisekammer des Wirts hergab. „Der eigentliche Fastabend ist ja sowieso erst übermorgen."
Während des Essens sann Folz darüber nach, warum sein Gastgeber ausgerechnet jene Verse von ihm wünschte, in denen der Suff und die Völlerei als abscheuliche Laster gegeißelt wurden. Was würde wohl dieses so zügellos in ungewohntem Überfluss schwelgende Heer von Bettlern davon halten, wenn man ihm sein gegenwärtiges Fressen und Saufen als sündiges Treiben vor Augen führte?
Folz teilte den beiden Gesellen, die sich eben auch nicht zimperlich über die Fastnachtsküchle hermachten, seine Bedenken mit.
Albin lachte. Seine Wangen waren nicht nur von der Kälte auf dem Kutschbock gerötet. Er hatte schon kräftig dem heißen Würzwein zugesprochen, und seine Augen wurden mit jedem Mal, da die dralle Magd seinen Becher füllte, glänzender.
Malchus meinte: „Sie werden uns für Narren halten, na und? Schließlich ist Fastnacht, da ist alles erlaubt. Was soll uns also schon passieren!"
Hans Folz war weniger sorglos. Seine erbaulichen Verse waren zu solchem Behufe nicht gemacht, nicht für eine Rotte trunkenen Lumpengesindels. Warum mutete der angebliche „Bewunderer seiner Kunst" ihm zu, seine Perlen vor diese Säue zu werfen?
Die Befürchtungen erwiesen sich als nur allzu berechtigt. Als er, begleitet von seinen Gesellen, angekündigt durch einen Trommelwirbel der Musikanten und den Ausschreier Melcher, mit seinen Versen anhub, erntete er zunächst noch Gelächter. Je länger sein Vortrag jedoch dauerte, ohne dass der von allen er-

wartete Witz folgte, desto ungläubiger wurden die Blicke der Zuhörer. Dann häuften sich Gezische, Pfiffe und unwillige Zwischenrufe, es flogen Becher und Schüsseln und schließlich mussten Malchus und Albin ihn vor dem Unmut der Meute in Sicherheit bringen.

Am schlimmsten gebärdete sich dabei die Gestalt mit der unförmigen Haube und der schrillen Stimme, die sie schon draußen auf der Gasse so unflätig beschimpft hatte. Bei Licht betrachtet, waren Folz auch wieder Zweifel an ihrem Geschlecht gekommen. Den Fugger hatte er während seines Vortrags nicht mehr unter den Zuhörern gesehen. Hatte er sich vielleicht doch getäuscht und war nur einem den eigenen Wünschen entsprungenen Trugbild aufgesessen?

Das Rätsel sollte sich schnell lösen, denn Melcher bat ihn, ihm zu seinem Herrn, dem Gastgeber dieses sonderbaren Fastnachtsgelages zu folgen.

Während Malchus und Albin in dem kleinen Hinterstübchen zurückblieben und mit der Magd schöntaten, stieg Folz also schwer ächzend hinter dem Einhändigen die enge Stiege zum ersten Stock hinauf. Es war finster, außer Melchers trüber Lampe brannte kein Licht.

In dem kleinen Zimmer, in das er geführt wurde, waren die Fenster mit dunklen Tüchern verhangen. Auch hier brannte kein Licht, nur in der Mitte des Raumes, auf einem gewaltigen Dreifuß, loderte in einem kupfernen Becken ein Feuer, dessen Flammen die daneben in einem bequemen Lehnstuhl ruhende Gestalt in ein unstetes, fahles Rot tauchten. Es war der Mann, den er für Jakob Fugger gehalten hatte.

„Willkommen Hans Folz, Barbierer aus Worms“, sagte der Mann und hob dabei die rechte Hand so schwer zum Gruß, als wäre sie aus Eisen. Sie war aus Eisen. Und diesmal erschrak Folz, denn im

selben Augenblick erkannte er auch den Mann, dem sie gehörte.
Es musste weit mehr als zwanzig Jahre her sein, dass er ihn unter dem Messer gehabt und ihm dabei die vom Brand zerfressene Hand abgeschnitten hatte.
„Gott zum Gruße, Markwart", sagte Folz, um Fassung bemüht. „Wie ich sehe, geht es Euch gut. Das freut mich."
Der Mann lachte laut auf, aber seine Augen lachten nicht mit. „Ihr kennt mich also doch noch. Und ich dachte immer, Ihr wolltet mich so schnell wie möglich vergessen." Geschickt lüftete er mit der Eisenhand die mit feinen Stickereien verzierte Kappe. „Schade, eigentlich hatte ich mir das Ende meines Mummenschanzes recht effektvoll ausgemalt: Jakob Fugger lässt die Verkleidung fallen und dahinter kommt der König der Halsabschneider zum Vorschein." Wieder lachte er ein freudloses Lachen.
Derweil waren Hans Folz' Blicke gebannt jeder von Markwarts Bewegungen gefolgt. Die eiserne Hand sah aus wie der kunstvoll gefertigte Handschuh einer Rüstung und war mit Riemen am Unterarmstumpf befestigt. Sogar die Finger schienen beweglich zu sein.
„Ein schönes Stück, nicht wahr?" Markwart grinste.
„Ich habe mir nichts vorzuwerfen", sagte Hans Folz. „Wenn Bertram und ich nicht gehandelt hätten, wärt Ihr schon lange nicht mehr am Leben."
Es war in Frankfurt gewesen. Sie hatten den Mann, der im Fieberwahn zu ihnen gebracht worden war, nicht erst lange um seine Einwilligung fragen können. Später hatte Markwart ihnen dieses Versäumnis vorgehalten und sie verklagt, aber der Richter war auf ihrer Seite gewesen.
Hans Folz kam ein Gedanke. „Habt Ihr Bertram von Frankfurt auf dem Gewissen?" Er erinnerte sich, wie er vor Jahren bei der

Kunde, ein Frankfurter Wundarzt sei auf barbarische Weise in seinem Haus in Stücke gehackt worden, zusammengeschreckt war.

Markwart schüttelte angewidert den Kopf. „Bin ich ein Metzger?“

„Ich weiß nicht, was Ihr jetzt seid, und wahrscheinlich will ich es auch gar nicht wissen“, sagte Folz, „aber ich möchte wohl wissen, was Ihr von mir wollt?“

„Na, Ihr scheint Euch ja auch im Alter nicht geändert zu haben. Immer kurzen Prozess machen, wie?“ Markwart griff nach dem Schürhaken, der an seinem Stuhl lehnte und stocherte damit in dem Kohlebecken herum.

Folz hätte sich gerne gesetzt, aber außer Markwarts Lehnstuhl gab es keine Sitzgelegenheit im Raum. „Kommt bitte zur Sache“, sagte er.

„Gemach, gemach, Meister Hans. Wie gesagt, das Gemetzel an Bertram ist nicht meine Art. Und wenn es Euch beruhigt, so kann ich Euch versichern, dass der arme Tropf, der es verbrochen hat, sich hinterher selbst an einem Brückenpfeiler aufgehängt hat.“

„Woher wollt Ihr das wissen? Von so etwas war damals nie die Rede!“

„Pah! Man nennt mich nicht umsonst den König der Halsabschneider. Trotz Eurer verfehlten Behandlung habe ich es nämlich noch zu etwas gebracht – und ob mein Tun unehrlicher ist als das so vieler tatsächlicher Könige, sei einmal dahingestellt. Meine Hand ist nicht mehr echt, aber dafür reicht sie nun umso weiter. Mittlerweile sogar bis hierher nach Augsburg.“

„Wenn Ihr Euch an mir rächen wollt, warum habt Ihr es dann nicht schon längst getan?“, fragte Folz.

Markwart winkte verächtlich ab. „Es wäre ein Leichtes für mich gewesen, Euch von irgendeinem gedungenen Halunken jedes

Glied einzeln abschneiden zu lassen. Danach stand mir nie der Sinn. Aber jetzt ist Fastnacht, und mir ist nach ein wenig Zerstreuung, und da fiel mir ein, dass es doch vielleicht nett wäre, sich von einem frömmelnden alten Narren wie Euch ein wenig unterhalten zu lassen. Mehr oder weniger zufällig sind mir da neulich ein paar Blätter mit Euren Werken in die Hände geraten, die mir ganz prächtig zur Belustigung einer Fastnachtsgesellschaft wie der unten versammelten zu passen scheinen."

„Ihr wollt mich demütigen. Diesem Lumpenpack ist nur daran gelegen, seinen Ranzen zu füllen."

„Aber nicht doch, nicht doch. Wer will es ihnen denn auch verdenken? Glaubt mir, morgen, wenn Ihr das Spiel vom Arzt und dem tumben Kranken aufführt, wird sich das schon ganz anders darstellen."

„Ich werde hier gar nichts mehr aufführen, ganz gewiss aber nicht jenes Spiel." Das Stück handelte von einem Quacksalber, der seinem Patienten das gesunde Bein abschneidet, um es ihm anschließend anstelle des kranken wieder anzunähen. Nach dem Vorfall mit Markwart hatte Hans Folz das Spiel nie wieder aufgeführt, zumal es ihm auch wegen seiner derben, geschmacklosen Komik nicht mehr passend erschien.

„Oh, Ihr werdet uns doch wohl nicht enttäuschen", sagte Markwart. „Melcher und ich freuen uns schon so darauf, nicht wahr, mein Freund?" Er blickte zu seiner „rechten Hand", die auch immer noch wartend im Raum verharrte.

Folz folgte seinem Blick. Melcher grinste unverschämt zurück.

„Außerdem", fuhr Markwart fort, „habe ich mit Bedacht auch noch ein paar ganz besondere Gäste eigens zu diesem Spiel eingeladen. Den einen habt Ihr sicher schon bemerkt, er vergisst leider manchmal, dass seine Worte ein wenig höher und schriller klingen, seit ihm ein kunstfertiger Wundarzt die Schellen gestimmt hat. Sein Freund, der Bichler hat nur noch ein Bein und …"

„Ihr könnt mich nicht zwingen", sagte Folz.

„Nein, das kann ich nicht. Aber ich kann Euch versichern, wenn Ihr mein Angebot ausschlagt, werde ich dafür sorgen, dass Euch auch sonst in ganz Augsburg keine Tür mehr geöffnet und kein Kanten Brot mehr hingeworfen wird. Vergesst nicht, es ist Fastnacht, die Herren von der Obrigkeit haben sich allesamt verkrochen, in der Stadt regieren die Narren. Bis Aschermittwoch seid Ihr mir ausgeliefert."

„Das glaube ich nicht."

„Überlegt es Euch gut", sagte Markwart. „Melcher wird Euch zeigen, wo Ihr den Rest der Nacht verbringen könnt. Teilt mir dann morgen beizeiten Euren Entschluss mit. Ich dächte, ein Meister wie Ihr sollte sich doch wohl nicht davor fürchten, mit seinem Werk vor die Zuschauer zu treten und zu empfangen, was ihm gebührt."

Das Grinsen, mit dem er sich von Hans Folz verabschiedete, verriet deutlich, was er für gebührend hielt.

Folz ließ sich von Melcher die Stube zeigen, wo er zusammen mit seinen Gesellen nächtigen sollte und ging dann wieder hinab, um nach Malchus und Albin zu sehen. Die beiden hatten sich inzwischen in den Schankraum begeben und dort mit den Leuten, unter denen Markwart gesessen hatte, gemein gemacht.

Nur mit Not gelang es ihm, Malchus, den nüchterneren der beiden, beiseitezuziehen. Mühsam machte er ihm klar, dass sie sich eine andere Bleibe suchen mussten. Er selbst sei jedoch zu erschöpft, um sogleich mit ihnen zu gehen.

„Das Gesindel wird uns in der Luft zerreißen, wenn wir morgen dieses Spiel aufführen", sagte er. Dann vertraute er Malchus den

Lederbeutel mit dem letzten noch verbliebenen Rest Geldes an und sah ihm nach, wie er kurz darauf mit Albin die Schänke verließ. Er sollte sie nie wieder sehen.
Im Morgengrauen verließ Hans Folz Augsburg, ganz allein, mit der Kutsche und den beiden immer noch ermatteten Pferden. Unterwegs musste er alles verkaufen, was er bei sich hatte. Als er anderthalb Wochen später Nürnberg zu Fuß erreichte, war der alte Mann halb tot. Er erholte sich nicht mehr und starb ein knappes Jahr später.

Hans Folz war einer der bekanntesten deutschen Dichter und Meistersinger Ende des 15. Jahrhunderts. Als Barbier und Wundarzt war er 1498 in einen Kunstfehlerprozess wegen eines ohne Einwilligung des Patienten amputierten Armes verwickelt. Die vorliegende Geschichte ist allerdings frei erfunden.

Brigitte E. Jaudes und Klaus-J. Frahm: Der Mühlenbrenner

Aus dem Erker der Mühle schlugen die Flammen. Das Feuer fraß sich unaufhaltsam weiter zum Stall.
„Zurück! Zurück!“, schrie eine durchdringende Stimme.
Vieh und Menschen brüllten durcheinander. Es knallte und krachte von allen Seiten. Die Menschenkette, in der ich Eimer weiterreichte, brach auseinander. Ein paar Eimer fielen zu Boden. Ein brennender Balken stürzte neben mich. Ich sprang zur Seite. Der Kittel einer Magd fing Feuer und sie rannte schreiend davon. Ein Mann riss sie zur Erde. Er erstickte die Flammen mit seinem Wams. Plötzlich stürmten Kühe und Schweine zwischen uns hindurch. Irgendjemand hatte sie befreien können.
„Gott sei mit uns!“, schrie eine Stimme neben meinem Ohr.
Ich fuhr herum und sah, dass das Feuer auf die Scheune in meinem Rücken übergesprungen war. Als ich zurückweichen wollte, traf mich ein heftiger Schlag in der Kniekehle. Ein brennender Schmerz durchfuhr mich und ich fiel um. Im Fallen sah ich gerade noch einen großen Mann durch die Hofeinfahrt davonlaufen. Er trug einen Spaten. Hatte er mich absichtlich geschlagen oder war es ein Versehen gewesen?
Ich rappelte mich mühsam wieder hoch. Mein Bein schmerzte. Ich konnte kaum auftreten. Der Wind hatte gedreht. Beißender Rauch und Asche wehten mir scharf ins Gesicht und nahmen mir fast den Atem. Ich drückte mir mein zerrissenes Leinenhemd auf den Mund.

Das stattliche Mühlengebäude war nicht mehr zu retten. Durch die Hofeinfahrt konnte ich nicht mehr hinaus. Der brennende Torbogen stürzte ein, ich war der letzte, der sich noch im Mühlenhof befand. Mir blieb nur noch der Bach als Ausweg. Eine alte Kopfweide rauchte bereits.
Mein Herz setzte kurz aus, als ich in das eiskalte Wasser sprang. Es reichte mir bis zur Brust. Ich watete zum gegenüberliegenden Ufer, geriet mit dem Gesicht unter Wasser, als ich in eine Untiefe trat. Ich hatte nie schwimmen gelernt. Keuchend und nach Luft schnappend kam ich wieder hoch. Einer meiner Schuhe blieb im Morast stecken. Die Böschung des rettenden Bachufers war steil und lehmig. Mit letzter Kraft versuchte ich mich an den Ästen einer Erle hochzuziehen. Ein Schrei, hoch und spitz, ließ mich innehalten. Als ich die kreischende, fliegende Kreatur als brennenden Hahn erkannte, schloss ich kurz die Augen. Unvermittelt tauchte eine dunkle Gestalt aus dem Schatten der Ufergehölze auf und hieb mir etwas auf den Kopf. Bewusstlos fiel ich zurück in den Bach.
Die Januarkälte rettete mir das Leben, denn durch sie kam ich schnell wieder zu mir. Ich kroch an einer Bachbiegung an Land und humpelte zum „Güldenen Rappen", dem Gasthaus, in dem ich abgestiegen war.

Im Wirtshaus schenkte mir niemand Beachtung. Alle waren mit sich selbst beschäftigt. In der vollen Schankstube roch es nach Rauch, Schweiß und verbranntem Fleisch. Nass wie ich war, zwängte ich mich auf die Rundbank am Ofen. Eine Magd brachte mir einen Becher mit süßem Bier, verschwand und kam mit einer geflickten Wolldecke wieder.
„Hier, Herr, wärmt Euch auf. Man hat schon nach Euch gefragt." Sie nickte in Richtung Dorfpfarrer, den ich am Vortag bereits kennen gelernt hatte.

Derart hatte ich mir die Bewältigung der Aufgabe, die mir mein Fürst anvertraut hatte, nicht vorgestellt.
„Ihr seid jetzt auf meine Kosten zwei Jahre an der hohen Schule in Darmstadt. Was, möchte ich wissen, habt Ihr gelernt? Ist Vernunft und Schläue in Euch gediehen oder sind die Taler verschwendet?"
Ich beeilte mich zu versichern, dass ich fleißig lernte und allerorts Lob fand. Vertieft hatte ich mich in Gotteslehre, Floristik und anatomischen Studien.
„Was, wenn ich eine Gegenleistung erwartete?"
Ich bot dem Fürsten meine späteren Dienste als Leibarzt an.
Da huschte ihm ein Lächeln übers Gesicht. „Nein, nein. Ein junger Medikus ist wie ein gemolkenes Kälbchen."
Während ich noch über den Vergleich nachsann, berichtete mir der fürstliche Sekretär von fehlenden Einnahmen, die letztlich auch zu meinen Lasten gehen würden.
„In Eurer Heimat, im Hinterland, brennt jedes Jahr eine Mühle", ergriff darauf der Fürst wieder das Wort. „Geht's mit rechten Dingen zu oder hat der Bocksbeinige seine Hand im Spiel? Wollen mir die Nassauer schaden oder sind die Müller nicht ganz gescheit? Bringt mir den Mühlenbrenner, so es einen gibt. Ihr werdet die Fragen für mich lösen, Ihr habt nach eigenem Bekunden einen scharfen Verstand!"
Und keinerlei Habe, vervollständigte ich den Satz für mich im Stillen. Und weder Weib noch Kind, die mir nachtrauern würden. Der richtige Mann also für solch einen gefährlichen Auftrag. Aber was blieb mir anderes übrig, als mein Glück zu versuchen.
„Seid vorsichtig!", hatte mir der Sekretär bei meinem Abtreten noch zugeraunt. „Traut niemandem und reist nie alleine. Ihr seid bereits der zweite Mann, den der Fürst ins Salzbödetal entsendet."

Was mit dem ersten Abgesandten geschehen war, konnte ich mir nun vorstellen. Dabei hatte ich mich vor ein paar Stunden noch im Glück gewähnt, dass gerade am Tage nach meiner Ankunft ein Feuer in einer Mühle ausgebrochen war.
Ich wollte die Vorgänge sogleich untersuchen und mir ein eigenes Bild verschaffen. An einen Zufall glaubte ich nicht. Brennt eine Mühle und im nächsten Jahr eine weitere, ist das noch denkbar und mit den Lehren des Nikolaus von Kues vereinbar. Doch die siebte Mühle in Folge deutete für mich ganz augenfällig auf Brandstiftung oder Teufelswerk hin.
Ich trank noch ein Bier, zog mich um und setzte mich dann neben den dicklichen Geistlichen.
„Ihr habt Euch nach mir erkundigt?"
„Ich sah Euren tapferen Einsatz beim Löschen. Als das Mühlengebäude zusammenbrach, wart Ihr nicht aufzufinden. Da sorgte ich mich um Euch. Habt Ihr des Satans Zeichen gesehen?"
Fassungslos blickte er mich an, als ich antwortete: „Nein, aber ich habe ihn selbst gesehen!"
Ich wollte ihn nicht weiter ins Vertrauen ziehen und lenkte das Gespräch auf die Müllersleute.
„Ja, wisst Ihr denn noch gar nicht, dass der Vater der Müllerin verbrannt ist? Bisher gab es nie Menschenleben zu beklagen, wenn eine Mühle im Salzbödetal brannte. Der Bocksbeinige wird sich sicher noch mehr Seelen holen."

Am nächsten Morgen besann ich mich nach einem tiefen Schlaf und einem ausgiebigen Frühstück erneut auf meine Aufgabe. Als Erstes suchte ich die Kräuterkundige im Dorf auf. Sie besah sich meine Wunde am Bein, öffnete sie und wusch sie mit Arnika-Tinktur aus.

„Seltsame Verletzung", sagte sie, während sie Wolle mit Leinenstreifen befestigte. „Ich habe letzte Nacht Dutzende von Brandwunden gesehen und auch einige Schürfungen. Aber das scheint mir ein Schnitt von einem Messer oder Dolch zu sein."
Kalter Schweiß lief mir den Rücken hinab. Hatte ich mich also nicht getäuscht. Wer zweimal zu morden versucht, wird es auch weitere Male probieren, fürchtete ich. In mir stritt der Wunsch, diesen Ort möglichst schnell zu verlassen, mit dem Gedanken, umgehend zu ermitteln, wer mein Widersacher war.
Da ich keinen Taler besaß, den ich werfen konnte, entschied ich mich, es mit den philosophischen Denkern zu halten und der Sache auf den Grund zu gehen. Ich ging zur abgebrannten Welschmühle.
Grau und schwarz lag das ehemals schönste Anwesen der Gegend da. Immer wieder deckte der Wind glühende Holzstückchen auf und sie flammten kurz auf, aber ein großes Feuer fand keine Nahrung mehr.
Ich umrundete den gesamten Grund und setzte mich dann etwas abseits auf einen umgekippten Trog am Wegesrand. Auf einen Flachsbogen zeichnete ich die Lage der Häuser, des Bachs und des Mühlgrabens. Mein Blick fiel auf ein kleines grünes Bündel auf dem Weg. Als ich es aufhob, erkannte ich das dreikantige Moos „Fontinalis". Sorgfältig packte ich mein erstes Beweisstück ein und dankte Gott für seine Hilfe.
Ein Fuhrwerk kam langsam vom Dorf angerollt. Zwei Knechte sprangen vom Bock und begannen nach brauchbaren Eichenbalken zu suchen und diese aufzustapeln. Ein Mann und eine Frau gingen derweil zur Ruine des Haupthauses und blieben davor stehen.
Ich machte mich auf den Weg, die Mühlenbesitzer kennen zu lernen. Die hoch gewachsene Müllerin stand gebeugt und hielt

ein Tuch vor das Gesicht gepresst. Als ich unbemerkt schon nahe herangetreten war, versuchte der Müller tröstend den Arm um seine Frau zu legen, doch sie zischte ihn an: „Mich graust vor dir."

„Müllersleute, lasset mich meine Persona vorstellen: Ich bin Johannes Milvus, ein Abgesandter unseres Fürsten Jern zu Darmstadt." Die Angesprochenen zuckten zusammen. „Zunächst möchte ich Euch mein Beileid bekunden und im Namen meines Herren Trost zusprechen. Er wird sich sicherlich großzügig zeigen und Euch beim Wiederaufbau mit Talern unterstützen."

Zu meiner Überraschung verfehlten meine Worte die beabsichtigte Wirkung. Statt mir mit Hoffnung und Interesse entgegenzublicken, zog der Müller die Augenbrauen in die Höhe und wandte sich ab.

Sein Weib aber antwortete in kaltem Ton: „Wir danken Euch. Ich habe meinen Vater sehr verehrt, da meine Mutter früh verstarb. Ich werde ihn unsäglich vermissen und kann mich nur untröstlich zeigen. Das Geld von Eurem Herrn Jern ist unser Anliegen nicht. Soviel ich weiß, haben wir Müller im Salzbödetal eine Rücklage für Nottage."

Der Müller drehte sich ruckartig um und starrte seine Frau entgeistert an.

„Stimmt es etwa nicht?", fragte sie patzig.

„Doch, doch", beeilte er sich zu entgegnen und zu mir gewandt setzte er hinzu: „Verzeiht, Herr. Das Elend macht mein Weib schwatzhaft."

Er hakte sie unter und führte sie weg.

Am Abend suchte ich erneut den Pfarrer auf.

„Wisst Ihr etwas über einen Notgroschen der Müllersleute zu berichten?", fragte ich ihn.

„Nein, aber die Mühlen stehen abseits der Dörfer. Was sich da so alles begibt, ist mir als Gottesmann nicht immer bekannt. Man munkelt, die Müller holen bei Vollmond einen Topf voller Gold unterm Mühlrad hervor, wenn sie dem Bocksbeinigen die Menschenknochen mahlen."

Glaube und Aberglaube werden im Hinterland wohl von denselben Männern gelehrt, ging es mir durch den Sinn.

„Wie viele Mühlen gibt es denn noch im Salzbödetal?"

„Die Salzböde ist der größte Bach zur Lahn hin. Das bedeutet viel Mahlkraft und Nähe zur fruchtbaren Lahnaue. Es gibt hier zehn Mühlen. Ich kenne sie alle und die stolzen Müllersleut obendrein."

Ich nahm meine Studierkladde und fertigte mit seiner Hilfe eine Zeichnung von der Salzböde und der Lage der Mühlen an. Die abgebrannten markierte ich.

Am folgenden Morgen machte ich mich auf den Weg, die nächstgelegene Mühlenruine aufzusuchen. Erstaunt stand ich nach einem halbstündigen Ritt vor einem eindrucksvollen Neubau. Das hohe Mühlrad lief fast geräuschlos neben einem hohen Kornspeicher. Fast konnte ich den Topf voller Gold erkennen.

Ohne Halt setzte ich meinen Erkundungsritt fort. Bei der nächsten Mühle machte ich Halt. Sie war offensichtlich sehr alt. Niedrige Räume, verwinkelte Anbauten und ein baufällig gewordenes Mühlrad vergaß ich allerdings sofort, als mich die schöne Müllerstochter ins Haus bat. Angesichts der Herzlichkeit ihres Lächelns, die sich in ihren grünen Augen fortsetzte, erschien mir das Anwesen als Paradies auf Erden.

Nachdem ich mich als Abgesandten des Fürsten Jern vorgestellt und den Grund meines Kommens erklärt hatte, sagte ich daher: „Ich habe eine lange Reise hinter mir und möchte heute nicht

mehr zurückreiten. Ihr würdet mir einen großen Dienst erweisen, wenn ich hier nächtigen könnte."
Katharina, so der Name der Schönen, besprach sich kurz mit ihrem kranken Vater und wies mir dann eine Kammer zu.
Bei der Vesper erzählte sie mir, dass sie ganz alleine mit einer Magd, einem Knecht und ihrem Vater auf der Mühle lebe. „Meine Mutter ist im Kindbett verstorben. Geschwister habe ich keine. Wenn mein Vater stirbt, muss ich umgehend heiraten, da ansonsten die Mühle an unseren Fürsten fällt. Das Gesetz verlangt ja einen männlichen Erben."
„Gibt es denn schon einen Anwärter?" Ich spürte, wie meine Zunge plötzlich ganz trocken war.
Sie lachte mich an. „Nein, nein. Es gibt zwar einen, der wäre es gern, aber mir hat noch keiner so recht gefallen." Sie blickte kurz zum Nebenhaus, in dem wohl das Gesinde untergebracht war.
Ich blieb unter Vorwänden noch drei weitere Tage, ich hatte mich verliebt. Bang fragte ich mich, ob sie mich wohl auch mochte. Katharina lachte viel und sang bei der Arbeit. Ich versuchte möglichst in ihrer Nähe zu sein. Waren wir getrennt, versuchte ich mich nur halbherzig an der Aufklärung der Mühlenbrennerei. Ich erzählte Katharina von meiner glücklosen Kindheit und meinen Studien.
Am vierten Tag berichtete ich ihr von meinen Nachforschungen. Als ich mein Erstaunen über die schöne neue Nachbarsmühle zum Ausdruck brachte, erklärte sie mir: „Wir Salzböde-Müller haben eine gemeinsame Brandkasse. Alle zahlen jährlich ein. Wenn ein Unglück geschieht, können wir uns gemeinsam den Wiederaufbau einer Mühle leisten."
Nachts schlief ich schlecht, stets sah ich das hübsche Gesicht meiner Angebeteten vor mir und fragte mich, ob ich es wohl

wagen könnte, mich zu offenbaren. Aber was sollte die schöne Müllerstochter mit einem armen Tropf wie mir? War ich endlich Arzt, wäre sie wahrscheinlich längst verheiratet.
Ich beschloss, am Sonntag den Pfarrer zu besuchen und mich mit ihm zu beratschlagen.
Katharina riet mir, die alte Straße zu nehmen und nicht etwa den kürzeren Weg durch den felsigen Gemeinwald. „Von einem Wald kann gar keine Rede mehr sein. Die letzten Winter waren hart. Jeder, der konnte, hat dort Brennholz geschlagen. Die Hainbuchen sind nur noch Gestrüpp. Allerlei Diebsgesindel und wilde Hunde finden dort ihre Verstecke. Sogar Wölfe hat man vor ein paar Wochen heulen hören."
Ich lächelte. Weniger wegen ihrer Einfalt als vielmehr, weil sie sich um mich sorgte und mich also offenbar auch lieb gewonnen haben musste. Um schnell wieder bei ihr sein zu können, schlug ich, gegen ihren Rat, den Pfad durch den Gemeinwald ein.
Es war ein düsterer, nebliger Morgen. Der Pfad teilte sich alle naslang, so dass mein Ortssinn mich langsam im Stich ließ. Sollte ich mich weiter nach Osten halten oder besser zur Bergspitze reiten? Ich ließ mein Pferd entscheiden und ritt weiter. Wahrscheinlich führen alle diese Pfade durch den Wald hindurch, beruhigte ich mich.
Da ging es jäh vor mir vierzig Fuß in die Tiefe. Vorsichtig wendete ich mein Pferd. Wo war nun mein Weg? Ich sah mindestens drei ausgetretene Pfade. Ich stieg vom Pferd und wollte es führen.
Plötzlich stand ein schwarz gekleideter Mann mit einer Sense in der Hand vor mir und holte aus. Mein Pferd scheute, stolperte zurück und riss mich mit in die Tiefe. Beim Fallen musste ich wohl die Zügel losgelassen haben, denn ich landete in einem verwachsenen Baum auf einem kleinen Vorsprung.

Aus Angst vor dem Sensenmann blieb ich bis zur Mittagsstunde in meinem Versteck, dann kletterte ich mit steifen Gliedern und völlig zerkratzt wieder nach oben. Als ich endlich aus dem verwunschenen Wald herausgefunden hatte und wieder in der Mühle ankam, war es bereits Abend. Von Katharina keine Spur. Ich ging in meine Kammer und legte mich auf mein Lager.

Mitten in der Nacht hörte ich laute Stimmen. Kein Zweifel, da wurde heftig gestritten. Ich lief in den Hausgang und hörte, dass der Lärm aus dem Zimmer des kranken Müllers kam.

„Wie lange soll ich noch zusehen, wie dieser Freier meiner Verlobten schöne Augen macht?"

„Willst du den fürstlichen Gesandten vielleicht aus dem Haus werfen? Dann kannst du dir auch gleich den Strick selbst um den Hals legen."

„Den Strick brauch ich nur, weil sich Euer Freund, der Welschen-Müller, an keine Abmachung hält. Habe ich nicht jedes Jahr eine Mühle abgebrannt, damit Ihr aus Eurer Mühlenkasse eine neu erstehen lassen konntet? Ist je Mensch oder Vieh dabei zu Schaden gekommen? Nein, der Mörder ist der Welschen-Müller, der seinen Schwiegervater loswerden wollte."

„Brüll nicht so!"

„Ich will nicht mehr still sein! Ich will nicht mehr warten. Vor sieben Jahren schon habt Ihr mir eine Mühle versprochen, wenn ich den Mühlenbrenner gebe. Damit Eure Brandkasse nicht immer wieder vom Fürsten geplündert wird, wenn sie zu voll geworden ist, bin ich zum Verbrecher geworden. Und nun möchte ich den Lohn dafür. Gebt mir endlich Eure Tochter zur Frau, sonst nehm ich sie mir!"

Dann ertönte ein fürchterliches Gepolter. Der Mann ging gewaltsam auf den kranken Müller los. Ich stürzte in den Raum und kam gerade noch rechtzeitig, um den Knecht Veit zu überwältigen.

Für den Nachhauseweg hatte ich zur Bewachung des Missetäters beim Fürsten zwei Bewaffnete angefordert. Der Knecht ritt gefesselt auf einem Pferd zwischen ihnen. Als wir aus einem Hohlweg, der uns zum Hintereinanderreiten zwang, herauskamen, nutzte Veit die Gunst der Stunde und stieß dem Pferd die Fersen in die Flanken. Das Tier machte einen Satz und preschte los. Einem der Aufpasser riss es die Zügel aus der Hand.
Aber noch bevor wir hinterhersetzen konnten, stürzte Veit vom Pferd und schlug mit dem Kopf auf einen Stein auf. Er war sofort tot. Jede Hilfe kam zu spät. Ich war entsetzt.
„Da hat er dem Henker die Arbeit erspart", sagte einer der Soldaten.
Auf dem weiteren Weg malte ich mir aus, wie ich dem Fürsten von meinem klugen Vorgehen berichten würde: „Als ersten Hinweis habe ich neben der abgebrannten Mühle ein Bündel ‚Fontinalis' gefunden. Der Aberglaube besagt, wo dieses Bachmoos ist, kann kein Feuer brennen. Darum hängen es die Leute im Salzbödetal auf den Speicher. Ich folgerte also, dass der Hausherr es selbst abgenommen haben musste, damit das Feuer ordentlich anging."
Dass der Welschen-Müller den Tod seines Schwiegervaters verschuldet hatte, wollte ich dem Fürsten beschönigen. Auch dass der Fürst selbst ein gerüttelt Maß Schuld an der Verschwörung der Müller trug, indem er immer wieder die Brandkasse geplündert hatte, würde ich in meinem Bericht tunlichst unerwähnt lassen. Schließlich wollte ich ja weiter studieren. Ein Vorhaben, das beim Gedanken an Katharina jedoch immer weiter in den Hintergrund trat.
Als ich schließlich vor dem Fürsten stand, sagte ich: „Dies ist der Leichnam des Mühlenbrenners. Er hat allein aus Neid die Mühlen der Nachbarn angezündet. Er hat den Tod verdient und

bekommen. Entschuldigt mich nun, ich werde keine weiteren Zuwendungen mehr benötigen, da ich nicht weiter zu studieren gedenke, sondern heiraten möchte. Meine Verlobte ist mir im Salzbödetal begegnet und ich habe den Segen ihres Vaters und sogar aller Müller der Gegend."

Marcus Winter: Die Prophezeiung

Er hielt auf dem Hügel im Schatten einer uralten Korkeiche und wischte sich mit dem Ärmel seines fleckigen Leinenhemdes den Schweiß von der Stirn. Dann ließ er sich erschöpft auf einen großen Stein nieder, nahm den ledernen Trinkbeutel vom Gürtel und öffnete den Verschluss. Der Inhalt war mittlerweile warm und schmeckte abscheulich, aber in der sengenden Mittagshitze war es eindeutig besser als nichts.
Die Oberfläche des Steins war glatt gescheuert, und Diego fragte sich, wie viele Wanderer hier wohl schon Rast gemacht hatten. Es war genau der richtige Platz zum Verweilen. Man hatte einen guten Blick über die Provinz Huelva und konnte in der Ferne schon die ersten Häuser von Palos erahnen, jenem kleinen Hafenstädtchen, das Diego gerne noch vor Abend erreichen wollte.
Nach der Wegbeschreibung eines Bauern, den er am frühen Morgen getroffen hatte, musste er nur noch ein kleines Pinienwäldchen und ein lang gestrecktes Sumpfgebiet durchqueren, bevor er an die Stelle kam, wo der Rio Tinto in den Rio Odiel mündete. Dann galt es in Palos nur noch, ein billiges Nachtlager zu finden.
Diego steckte die leere Bota wieder an den Gürtel und zog das Messer aus der Scheide. In seinem Leinensack, den er neben sich auf die Erde gelegt hatte, suchte er nach dem letzten Stück Wurst und einem Rest Fladenbrot. Während er eine Scheibe Wurst abschnitt und gierig im Mund verschwinden ließ, kam ihm seine wieder einmal äußerst missliche Lage in den Sinn.
Er hatte nur noch wenige kupferne Maravedis im Beutel und vertilgte gerade mit Heißhunger seine letzten Vorräte. Das Geld

würde in Palos lediglich für eine Übernachtung und ein oder zwei Mahlzeiten in einem schäbigen Gasthaus reichen. So konnte es nicht weitergehen. Er war in seinem achtzehnten Lebensjahr, es wurde höchste Zeit, dass er endlich seinen Platz im Leben fand.

Diego kam aus der nordspanischen Stadt Igualada. Bei seiner Geburt war die Mutter gestorben, und als zehn Jahre später auch sein Vater, ein kleiner katalanischer Weinbauer, am Fleckfieber dahinschied, war Diego allein. Seine Geschwister waren längst erwachsen und hatten eigene Familien gegründet. Diego steckte man ins nahe gelegene Kloster der Franziskaner.

Hier blieb er knapp fünf Jahre, bevor er es nicht mehr aushielt und sich bei Nacht und Nebel davonschlich. Die Mönche hatten ihn zwar gut behandelt und er hatte sogar das unglaubliche Glück, bei ihnen Lesen und Schreiben zu lernen, aber irgendwann hatte eine seltsame innere Unruhe Macht über ihn gewonnen und er musste fort. Er nahm sich einige Kupfermünzen aus dem Opferstock, stahl zwei gebratene Gänsekeulen aus der Küche und machte sich auf den Weg in den Süden.

Seitdem war er fortwährend unterwegs gewesen, immer an der spanischen Ostküste entlang, immer auf der Suche. Ohne jedoch wirklich zu wissen wonach. Mal blieb er drei Monate in Tarragona, wo er bei einem Korbmacher aushalf, um sein täglich Brot zu verdienen. Dann zog er weiter nach Elche, wo ihm ein Hufschmied anbot, eine Lehre zu beginnen. Das hielt er jedoch nur zwei Monate durch, zu groß waren seine innere Unruhe und seine Angst vor Pferden. Er arbeitete einen Herbst lang als Erntehelfer auf einem Bauernhof in El Ejido, verdingte sich mehrere Wochen als Hafenarbeiter in Cartagena und schloss sich vorübergehend einer Bande von Schmugglern zwischen Ronda und Olvera an.

Fast ein Jahr lang hielt er es bei einer Gauklertruppe aus, die mit ihren Eselskarren von Markt zu Markt zog. Er lernte jonglieren, konnte recht schnell auf den Händen laufen, half dem Anführer der Gruppe bei seinen Zauberkunststücken und diente dem Possenreißer als williges Opfer. Da die Fahrenden ohnehin dauernd unterwegs waren, verlebte er mit ihnen seine bis dahin glücklichste Zeit. Aber auch ihnen kehrte er schließlich den Rücken und machte sich wieder allein auf die Wanderschaft.
Er blieb nun nirgendwo mehr länger als zwei oder drei Tage und lebte auch nicht mehr nur von seiner Hände Arbeit, sondern stahl sich oft das, was er zum Leben brauchte. Zuerst bloß eine Hose von einer Wäscheleine, dann Wurst und Käse aus fremden Vorratskammern, bis er im Laufe der Zeit sogar zu einem geschickten Taschendieb wurde, der fingerfertig im Gedränge der Marktplätze Geldbeutel erbeutete. Und stetig trieb es ihn weiter.
Diego erhob sich, wischte das Messer am Hosenbein ab und steckte es wieder in den Gürtel. Er schulterte den nun nahezu leeren Leinenbeutel und macht sich auf den Weg, den Hügel hinab.

Die gnadenlose Hitze des südspanischen Hochsommers hatte kaum nachgelassen, als er am späten Nachmittag das Stadttor von Palos durchschritt. Sein Weg führte ihn geradewegs in eine Schänke, wo er einen großen Krug Cerveza bestellte. Seinen Hunger unterdrückte er, weil er erst einmal abwarten wollte, ob sich nicht noch eine Gelegenheit ergab, auch ohne Geld an etwas Essbares zu kommen.
Er nahm einen tiefen Schluck und lehnte sich zurück. Die Einwohner von Palos schienen von einer seltsamen Erregung befallen. Auf seiner Wanderschaft hatte Diego ein feines Gespür für die Stimmung eines Ortes entwickelt. Er grübelte, ob vielleicht

ein hoher Feiertag bevorstand, den er vergessen hatte. Es musste mittlerweile Anfang August sein, für Mariä Himmelfahrt war es also noch etwa vierzehn Tage zu früh.
Aber die letzte siegreiche Schlacht gegen die Mauren war jetzt schon acht Monate her. Seitdem es dem König gelungen war, alle spanischen Provinzen unter seiner Herrschaft zu vereinen, ging er mit großer Härte gegen die Nichtchristen vor. Neben den Muslimen waren ihm vor allem die Juden ein Dorn im Auge und so hatte er per Dekret angeordnet, Personen jüdischen Glaubens, die sich nicht bis zum 31. Juli taufen ließen, hätten Haus und Hof zu verlassen und ihr gesamtes Vermögen der Regierung zu überlassen. Weit über hunderttausend Menschen wären daraufhin in den letzten Monaten aus Spanien fortgezogen, hieß es. Vielleicht hatte es hier in Palos besonders viele jüdische Kaufleute und Händler gegeben und die erst vor wenigen Tagen abgelaufene Frist war für die allgemeine Aufregung verantwortlich.
Diego trank den Krug leer. Die ganze verlogene Politik mit ihren Gemeinheiten und Intrigen hatte ihn noch nie sonderlich interessiert. Sein knurrender Magen war im Augenblick viel wichtiger. Er verließ die muffige alte Schänke, um sich in der Stadt umzuschauen.

Diego drückte sich an die Wand des großen Innenhofes. Alles schien ruhig zu sein. Es wurde langsam dämmrig und er war sich sicher, dass die Bewohner des schmucken Stadthauses sich zum gemeinsamen Abendessen versammelt hatten. Durch ein offenes Fenster im Ostflügel hörte er schwach Stimmengewirr, Lachen und leises Gläserklirren.
Früher hatte er es für klüger gehalten, in der tiefsten Nacht, wenn die Herrschaften und das Gesinde fest schlummerten, in fremde

Häuser einzusteigen. Dass dies ein Fehler war, hatte er ein paar Mal leidvoll erfahren müssen. Nachts wurden die Hofhunde von der Leine gelassen und liefen auf den Grundstücken umher. Jedes Aufhebeln eines hölzernen Fensterladens, jedes Knarzen einer Stiege oder Bodendiele, jeder Besenstiel, den er übersah und umstieß, verursachte in der Nacht einen Riesenlärm.
Zudem sah man, außer in wirklich klaren Vollmondnächten, selten etwas und konnte sich in fremden Gemächern kaum bewegen, ohne Geräusche zu machen. Da war die Essenszeit wesentlich günstiger.
Diego stieg vom Patio aus vorsichtig durch ein offenes Fenster in den westlichen Gebäudeteil ein und stellte fest, dass er sich in einer kleinen Bibliothek befand. Eine ganze Wand bestand aus einem raumhohen Regal, gefüllt mit Büchern. Die Goldprägungen auf den ledernen Einbänden funkelten im Dämmerlicht. Diego schmunzelte zufrieden. Das mussten fürwahr vornehme, gebildete und vor allem reiche Leute sein. Er hatte eine gute Wahl getroffen.
Auf dem Schreibtisch in der Mitte des Zimmers lagen drei silberne Maravedis neben einem aufgeschlagenen Buch und einer großen Karaffe – einfach so. Silbermünzen, so etwas hatte er seit Monaten nicht mehr gesehen. Geschweige denn besessen. Schnell verschwanden sie in der kleinen Innentasche seines Hemdes. Nachdem er einen Augenblick gelauscht hatte, öffnete er die Tür zum Nebenraum. Offenbar ein Kinderschlafzimmer, ausgestattet mit zwei kleinen, aufwändig verzierten Betten. Welch unglaublicher Überfluss, eigene Räume für den Nachwuchs! Für Diego gab es hier trotzdem nichts zu holen. Vorsichtig öffnete er die nächste Tür und trat ein.
Er traute sich nicht mehr zu atmen. Inmitten des Raumes befand sich ein großer hölzerner Zuber auf dem Boden. Darin stand eine

junge Frau, ungefähr in seinem Alter. Die schönste Frau, die er je gesehen hatte. Und die erste, die er völlig nackt sah.

Sie hatte ein Bad genommen, bereitet mit kostbarsten Zutaten und Ölen, von deren Duft noch die Luft geschwängert war. Ihr makelloser Körper glänzte feucht im schwindenden Abendlicht, während sie sich mit einer hölzernen Schöpfkelle frisches Wasser über die langen schwarzen Haare goss, um die Schaumreste zu entfernen.

Diego war unfähig, seinen Blick abzuwenden.

Die dralle Esmeralda vom fahrenden Volk, die ihm hinten im Eselskarren die Unschuld geraubt hatte, war nie völlig unbekleidet gewesen. Sie hatte meist nur die Röcke hochgerafft und sein Gesicht an ihren üppigen Busen gedrückt, wenn sie ihn in Liebesdingen unterrichtete. Und die Huren, die er selten genug aufsuchte, waren für die Summen, die er zahlen konnte, auch nicht bereit, sich völlig zu entkleiden.

Gerade wollte er sich unauffällig zurückziehen, da traf ihn der Blick der Frau. Sie schrie aus Leibeskräften. Im Wegdrehen sah Diego noch, wie sie die Schöpfkelle fallen ließ, um mit den Händen ihre Blöße zu bedecken. Er zog die Tür hinter sich zu, lief durch das Kinderzimmer, die Bibliothek und sprang durch das Fenster zurück in den Patio. Noch ehe er den Innenhof zur Hälfte durchquert hatte, stürzte ihm aus einer Seitentür ein elegant gekleideter Herr entgegen. Er hatte einen Degen in der Hand und versperrte Diego den Weg zum Ausgang.

Aber der hatte bei den Gauklern nicht nur von Esmeralda eine Menge gelernt. Geschickt wich er den Hieben und Stichen aus, wurde dabei jedoch von dem Angreifer immer mehr in eine Ecke des Hofes gedrängt.

„Hab ich dich, Bürschchen“, zischte der Caballero und zielte mit dem Degen auf Diegos Kehlkopf.

„Denkst du!“, rief Diego, machte eine Finte nach links und lief dann rechts an ihm vorbei. Dabei zog er blitzschnell sein Messer und stach dem Mann im Vorbeilaufen in den Oberschenkel. Ohne das Schreien des Caballeros zu beachten, rannte Diego durch den Hauptausgang aus dem Hof und bog draußen in die kleine Gasse ein.

Er wiegte sich schon in Sicherheit, da hörte er erneut Rufe hinter sich. Er schaute sich um und sah zwei Uniformierte, die ihm mit gezogenen Degen folgten. Offenbar verfügte der reiche Hausbesitzer über eigenes Wachpersonal, das Diego beim Betreten des Hauses übersehen hatte. Vielleicht hatten sich die Soldaten auch beim Essen befunden und vorübergehend ihre Pflichten vernachlässigt. Diego war es gleichgültig – denn im Augenblick nahmen sie ihre Aufgabe äußerst ernst und hatten seine Verfolgung aufgenommen.

Diego war nicht zum ersten Mal auf der Flucht, so dass sich seine Angst in Grenzen hielt. Die Verfolger waren allerdings ungewöhnlich hartnäckig und ausdauernd, dazu kam die Gefahr, dass ihn womöglich jemand festhalten würde. Doch bevor die wenigen Menschen, die zu dieser Zeit überhaupt auf den Straßen unterwegs waren, die Zurufe der Uniformierten verstanden oder gar die Situation erfasst hatten, war Diego schon an ihnen vorbei.

Letztendlich wurde sein Vorsprung immer größer und nach ein paar Straßenecken hatten sie ihn aus den Augen verloren. Gehetzt sah er sich um. Dann sprang er mit einem gewagten Satz durch ein niedriges Fenster in eine Lagerhalle und landete dort unsanft auf dem Steinfußboden. Seine Schulter schmerzte, sein Atem ging pfeifend, aber er stellte zu seiner Beruhigung fest, dass sich niemand im Raum befand.

Schwer atmend kauerte er sich hinter einigen großen Fässern nieder. So angestrengt er auch lauschte, konnte er doch drau-

ßen keine lauten Rufe mehr hören. Er war in Sicherheit. Vorerst. Diego blieb eine ganze Weile hinter den Fässern hocken und dachte nach.
So konnte es wirklich nicht weitergehen. Es war beileibe nicht das erste Mal, dass er auf frischer Tat ertappt worden war und fliehen musste. Aber so knapp war es noch nie gewesen.
Er malte sich aus, wie in den nächsten Tagen hier in Palos nach ihm gesucht würde. Was war bloß aus ihm geworden? Sicher wurde sogar eine Belohnung auf seinen Kopf ausgesetzt, und man jagte ihn nicht nur als Dieb und Einbrecher, sondern womöglich auch noch wegen versuchten Mordes an dem Caballero. Obwohl er den Mann mit dem gezielten Stich nur an der Verfolgung hatte hindern wollen, war für Diego eins gewiss: Wenn sie ihn zu fassen bekamen, würden sie ihn kurzerhand aufhängen. Er musste fort aus der Stadt, noch in der Nacht. Und dann endlich ein neues Leben beginnen. Aber wo? Und wie? Vielleicht sollte er einfach irgendwo oben im Norden Schafhirte werden und mit einer großen Herde über die Hügel ziehen. Aber wollte er das wirklich?
Isabella, die uralte Wahrsagerin der Gaukler, hatte ihm aus der Hand gelesen. Sie hatte etwas gefaselt von einem „sehr langen, unsteten Leben" und einer „großen Aufgabe", die vor ihm läge. Blödes Gewäsch einer zahnlosen Blenderin! Was sollte das sein? An dieser Prophezeiung konnte nichts dran sein, es sei denn, man betrachtete es als große Aufgabe, vor ein paar hundert Schaulustigen mit dem Strick um den Hals am Galgen zu tanzen.

Nachdem es draußen nahezu völlig dunkel und ruhig geworden war, stieg Diego durch das Fenster aus dem Lagerraum zurück auf die Straße. Natürlich nicht, ohne zuvor eine Handvoll Pfeffer aus einem der großen Fässer eingesteckt zu haben. Für das kostbare Gewürz aus dem fernen Indien würde er in den nächsten Tagen bei einem Gastwirt eine warme Mahlzeit nebst zwei Krügen Cerveza bekommen.

Es war noch immer drückend heiß, eine der üblichen andalusischen Augustnächte stand bevor. Er war erst einige Schritte die Gasse hinunter gegangen, als er hinter sich das Geräusch von schnellen Stiefelschritten hörte. Während auch er sofort zu laufen begann, sah er aus den Augenwinkeln die beiden Wächter hinter sich, die schon wieder ihre Degen zückten.

Diego musste ihnen ungewollt Anerkennung zollen. Sie hatten offenbar einfach dort, wo sie ihn aus den Augen verloren hatten, gewartet. Mit großer Geduld gelauert. Und er war ihnen in die Falle getappt.

Erneut begann die Verfolgung, kreuz und quer durch die Gassen der kleinen Stadt. Am Geruch in der Luft erkannte Diego, dass sie nach und nach in Hafennähe kamen. Er rannte, so schnell er nur konnte.

Als er an der Kaimauer ankam, konnte er sehen, dass dort, im Schein vieler Fackeln, noch zu dieser Stunde eine große Dreimast-Karacke beladen wurde. Ehe die beiden Verfolger ebenfalls um die Ecke kamen, verschwand er in der großen Lagerhalle. In einer dunklen Ecke streifte er sich das Hemd vom Leib, riss einen Fetzen ab und warf den Rest hinter eine hölzerne Kiste. Den Lappen band er sich um den Kopf und verknotete ihn hastig. Dann mischte er sich unter die Hafenarbeiter, nahm einen großen Ballen auf, schulterte ihn und reihte sich in die Schlange derjenigen ein, die über eine breite Planke das Schiff beluden. Der Mann hinter ihm trug ein kleines Fass an Deck, derjenige vor ihm, ebenfalls mit bloßem Oberkörper, einen offenbar schweren Jutesack.

An Bord des Schiffes regelte ein großer, hagerer Deckoffizier das Verstauen der Waren. Diego musste über eine steile Treppe in den riesigen Bauch des Schiffes hinabsteigen. Das war ihm recht, denn er hatte bei Betreten der Karacke mitbekommen, dass seine beiden Verfolger mittlerweile an der Kaimauer entlangliefen und weiter nach ihm suchten. Im Laderaum des Schiffes herrschte reges Treiben. Kisten mit Zwieback wurden gestapelt, schwere Fässer mit Trinkwasser, große Holzkäfige mit Scharen gackernder Hühner und Säcke mit Mehl mussten so verstaut werden, dass sie auch bei schwerer See nicht verrutschten.

Diego nutzte das allgemeine Durcheinander, um sich hinter mehreren großen Kisten zu verstecken. Er konnte jetzt unmöglich zurück an Land, wo die Bewaffneten noch immer auf ihn lauerten. Er würde erst im Morgengrauen von Bord gehen, zur Not würde er sich an der Ankertrosse ins Wasser abseilen und schwimmen. Die nächsten Stunden konnte er einfach nur hier hocken bleiben und warten.

„Was machst du denn hier an Bord? Steh auf, Kerl, zeig dich!"

Diego spürte, dass ihn jemand in die Nierengegend trat. Er lag ausgestreckt auf dem hölzernen Boden und blickte hoch zu dem hageren Deckoffizier. Augenblicklich sprang er auf.

Er war eingeschlafen. Heilige Jungfrau Maria!

„Ein blinder Passagier", rief der Offizier. „Das hat mir noch gefehlt. Komm mit, Bursche, ich bringe dich zum Kapitän." Er griff mit harter Hand in Diegos Nacken und führte ihn zur Treppe. Diegos Gedanken rasten. Die schmale Stiege konnte man nur nacheinander hinaufgehen. Egal, ob er dort vor oder hinter dem Hageren hinaufsteigen sollte, oben würde er sich auf jeden Fall losreißen und zur Seeseite über Bord springen. Er war ein guter

Schwimmer und würde an einer anderen Stelle des Hafens an Land gehen. Auf keinen Fall durfte man ihn dem Hafenmeister überstellen. Das würde ihn geradewegs in den Kerker führen.

Oben an Deck wehte ihm eine frische Brise ins Gesicht. Es war bereits leidlich hell und – das Schiff befand sich bereits auf hoher See!

Nirgendwo war Land in Sicht. Nach allen Seiten nur Wasser, soweit das Auge reichte. Blankes Entsetzen befiel Diego.

Flucht war völlig unmöglich. Zur Rechten sah er zwei weitere Schiffe, von gleicher Bauart, aber etwas kleiner, die auf gleichem Kurs durch die Wellen pflügten. Die kleine Flotte musste bereits vor Sonnenaufgang den Hafen von Palos verlassen haben.

Er konnte kaum einen klaren Gedanken fassen. Schon hatte der Deckoffizier wieder die schwielige Rechte in seinen Nacken gerammt und schob ihn unsanft in Richtung Achterdeck. Dort oben sah Diego am Steuerrad einen etwa vierzigjährigen Mann mit einer dunkelbraunen Filzkappe auf dem Kopf, der eine Seekarte studierte. Sicher der Kapitän.

Diego hatte in finsteren Hafenschänken gehört, dass man blinde Passagiere über Bord warf. Aber doch sicher nicht auf einem Schiff seiner Majestät? Das durfte nicht sein! Diegos Gedanken rasten. Er saß in der Falle, da halfen ihm weder seine Schnelligkeit noch die bei den Gauklern angeeignete Geschmeidigkeit.

Es gab nur einen Ausweg: Er würde dem Kapitän versprechen, als Schiffsjunge hart zu arbeiten, wenn er ihn als Teil der Mannschaft an Bord ließe. Er würde jeden Tag das Deck schrubben, sich überall auf dem Schiff nützlich machen und jedem Befehl gehorchen. Er würde diesem Kapitän Treue und Ergebenheit schwören und so lange an Bord der Karacke Dienst tun, wie es erforderlich war. Ganz egal, wohin die Reise auch gehen mochte.

Während er langsam, gefolgt vom Deckoffizier, die steile Treppe zum Achterdeck hinaufsteigen musste, fiel sein Blick auf die Glocke aus glänzendem Messing, in die der Name des Schiffes eingeprägt war. Der Name lautete „Santa Maria".

Die Autoren

Jürgen Ehlers,

geboren 1948 in Hamburg, studierte Geographie und promovierte 1978. Seither arbeitet er im Geologischen Landesamt der Behörde für Stadtentwicklung und Umwelt in Hamburg.

Seit 1992 schreibt er Kurzkrimis, von denen inzwischen über 40 in verschiedenen Verlagen im In- und Ausland veröffentlicht wurden. 2005 erschien sein erster Kriminalroman „Mitgegangen" im KBV-Verlag und wurde als einer der fünf besten Debüt-Romane des Jahres für den Friedrich-Glauser-Preis nominiert. 2006 erhielt er mit „Weltspartag in Hamminkeln" den Friedrich-Glauser-Preis für den besten Kurzkrimi. Zuletzt erschien von ihm der historische Roman „Die Nacht von Barmbeck" (KBV 2008).

Jürgen Ehlers lebt in einem kleinen Dorf unweit von Hamburg.

Klaus-Joachim Frahm / Brigitte Jaudes,

ersterer geboren am 27. März 1954 in Kiel. Er wohnt mit seiner Familie in Eisemroth. Nach zahlreichen Jobs unter anderem als Blumenhändler, Lumpensammler, Fensterputzer, Gärtner, Taxifahrer und Werbetexter begann er ein Studium der Philosophie, Literatur- und Musikwissenschaften in Gießen. Heute arbeitet Klaus-Joachim Frahm als freier Journalist für verschiedene Medien, Schwerpunkt Musik- und Literaturkritik. Er ist Autor zahlreicher Kriminalgeschichten, die in diversen Anthologien erschienen sind. Den „Mühlenbrenner" schrieb er gemeinsam mit seiner Ehefrau Brigitte Jaudes.

Wolfgang Kemmer,
geboren im Hunsrück, studierte Germanistik, Anglistik und Angloamerikanische Geschichte in Köln und arbeitete anschließend als Lektor in einer Münchner Literaturagentur. Heute lebt er als freier Lektor und Autor mit seiner Familie in Augsburg. Er veröffentlichte bisher drei Romane, darunter den historischen Kriminalroman „Feuersbrunst“ (Emons 2005), sowie eine ganze Reihe von Kurzgeschichten in verschiedenen Anthologien und Zeitschriften.
Herausgeber der Kurzkrimi-Downloads im Internet (www.jokers-downloads.de).

F(riedrich) G(erhard) Klimmek,
geboren 1949 in Wanne-Eickel, seit 1977 dort als Rechtsanwalt tätig. Er debütierte 2003 mit „Wie die Fliegen“ als Krimi-Autor. Seitdem u.a.: „Sherlock Holmes und die wahre Geschichte vom gesprenkelten Band“, „Ein Fisch namens Aalbert“. Mit „Der Raben Speise“ und „Des Satans Schatten“ hat er bisher zwei historische Kriminalromane veröffentlicht.

Heike Reiter,
geboren 1969, verheiratet, lebt in Franken. Zahlreiche Veröffentlichungen in Literaturzeitschriften, Anthologien, im Hörfunk und in anderen Medien.
Sie ist Autorin mehrer Romane. Zuletzt ist mit „Madame Juliette“ der erste Band der Krimireihe „Mörderisches Franken“ erschienen.

Friederike Schmöe,
geboren 1967. Studium der Germanistik und Romanistik. Promotion, Habilitation, mehrjährige Tätigkeit als wissenschaftliche Assistentin und Lehrerin für Deutsch als Fremdsprache an der Universität Bamberg, momentan Privatdozentin im Fach Linguistik an

den Unis in Bamberg und Saarbrücken. Dozentin für Schreibkurse (wissenschaftliches und autobiografisches Schreiben, Essays). Gastdozenturen an Unis im Ausland, u.a. in Italien. Krimiautorin seit 2000. Mittlerweile sind sieben Romane von ihr mit der Bamberger Privatdetektivin Katinka Palfy im Gmeiner-Verlag erschienen.

Marcus Winter,

Jahrgang 1957, arbeitet seit über dreißig Jahren als Kriminalbeamter in einer nordrhein-westfälischen Großstadt. Bereits mit 23 Jahren war er Kriminalkommissar und hat unter anderem als Einbruchsachbearbeiter, Drogenfahnder, als Ermittler zur Bekämpfung der organisierten Kriminalität in vielen Mordkommissionen gearbeitet. Sein erster Kriminalroman erschien 2002. Seither hat er viele Kurzgeschichten in verschiedenen Anthologien veröffentlicht. 2008 wurde seine Story „Die große Chance“ für den Agatha-Christie-Preis nominiert. Marcus Winter ist ein Pseudonym.